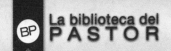

La biblioteca del PASTOR

EL PASTOR COMO LÍDER

Cómo **guiar** a los demás con **integridad** y **convicción**

JOHN MACARTHUR
EDITOR GENERAL

Para vivir la Palabra

Para vivir la Palabra

MANTENGAN LOS OJOS ABIERTOS,
AFÉRRENSE A SUS CONVICCIONES,
ENTRÉGUENSE POR COMPLETO,
PERMANEZCAN FIRMES,
Y AMEN TODO EL TIEMPO.
—1 Corintios 16:13-14 (Biblia El Mensaje)

El pastor como líder por John MacArthur
Publicado por Editorial Nivel Uno, Inc.
Miami, Fl 33134
www.casacreacion.com

©2016 Derechos reservados

ISBN: 978-1-941538-19-7

Desarrollo editorial: *Grupo Nivel Uno, Inc.*
Diseño interior: *Grupo Nivel Uno, Inc.*

Copyright ©1980 por Grace Community Church
Originally published in English under the title:
    The Shepherd as Leader
    by Harvest House Publishers
    Eugene, Oregon, 97402, U.S.A.
    www.harvesthousepublishers.com

Nota de la editorial: Aunque el autor hizo todo lo posible por proveer teléfonos y páginas de internet correctos al momento de la publicación de este libro, ni la editorial ni el autor se responsabilizan por errores o cambios que puedan surgir luego de haberse publicado.

Impreso en Colombia

24 25 26 27 28 BS 9 8 7 6 5 4 3

CONTENIDO

INTRODUCCIÓN

L a primera Conferencia de Pastores se celebró el 19 de marzo de 1980 en la congregación Grace Community Church, donde 159 hombres se reunieron para tratar el tema del ministerio pastoral. Desde el principio, el objetivo era poner en práctica el mandato de Pablo a Timoteo: «Lo que has oído de mí ante muchos testigos, esto encarga a hombres fieles que sean idóneos para enseñar también a otros» (2 Timoteo 2:2).

Lo que se inició como una pequeña actividad se ha convertido, por la gracia de Dios, en un movimiento internacional con miles de asistentes en cada primavera. Con los años, los pastores de todos los estados de la Unión Americana y casi cien países llegan a la conferencia para que se les rete y aliente en las áreas de la predicación, la teología, el liderazgo, el discipulado y la consejería. Mi corazón ha sido profundamente bendecido por los hombres fieles que he conocido, con los que he confraternizado en la conferencia.

Desde su creación, la Conferencia de Pastores ha ofrecido cientos de sermones dirigidos específicamente a pastores y líderes eclesiásticos. Debido a que la verdad de la Palabra de Dios es atemporal, esos mensajes son todavía tan ricos y poderosos como cuando los predicaron por primera vez. Es por eso que agradecí tanto cuando Harvest House Publishers se me acercó con respecto a la publicación de este segundo volumen, una colección de los mensajes más notables de la Conferencia de Pastores sobre el tema de liderazgo.

Hoy más que nunca, la iglesia necesita un modelo restaurado de liderazgo basado en la Palabra de Dios y que lo glorifique a Él, razón por la cual un libro sobre este tema es tan oportuno. El objetivo de este volumen es animar a los pastores a cumplir su mandato pastoral:

ejemplificar el estilo de liderazgo más auténtico, el que según Cristo exige servicio, sacrificio y abnegación.

Este libro es para todos los líderes espirituales, hayan estado o no en la Conferencia de Pastores. Es mi oración que, al leerlo, su pasión por la verdad arda más y su determinación para la gloria de Cristo se haga más fuerte a medida que trata de servir y guiar a la iglesia de Él.

Para el Gran Pastor,
John MacArthur

Humildad: Elemento esencial

para el ministerio

«Cualquiera que reciba a este niño en mi nombre,
a mí me recibe; y cualquiera que me recibe a mí,
recibe al que me envió; porque el que es más pequeño
entre todos vosotros, ése es el más grande».

LUCAS 9:48

1

HUMILDAD: ELEMENTO ESENCIAL
PARA EL MINISTERIO

John MacArthur
Lucas 9:46-56

E s fácil sentirse orgulloso cuando estamos en lo correcto. Nuestra
teología es correcta. Nuestra comprensión de la Palabra de Dios
es correcta. Nuestra opinión sobre la Escritura como la revelación infalible de Dios santo es correcta. Nuestro entendimiento del Evangelio
es correcto. Tenemos el mensaje correcto para predicarle al mundo. Es
difícil ser humilde cuando estamos en lo cierto, puesto que podemos
llegar a ser intolerantes y rígidos. Recordar que debemos ser humildes
es muy útil. Recordar que hablar la verdad con amor y ser paciente es
necesario. Vivimos en un mundo que, por ironía, exalta al amor por
sí mismo, la autosatisfacción, la autopromoción. Exaltar al yo es algo
virtuoso para el mundo. Pero como pastores, nos vemos obligados a
vivir de una manera contracultural siendo ejemplos de humildad sin
egoísmo en un mundo que ve eso como debilidad.

Los peligros del orgullo
Los hijos de Dios están llamados a ser humildes puesto que la Escritura
ve el orgullo como un feo pecado que el diablo cometió junto con los
otros ángeles que se unieron a su rebelión. El orgullo es el pecado que
llevó a Adán y a Eva a ser expulsados del huerto. Es ese pecado condenatorio el que instigó la rebelión en contra de Dios y de su ley, porque
fue el orgullo el que pretendió destronar a Dios, atacar su soberanía
absoluta perfecta, y reemplazarlo con el yo. Este tipo de orgullo se apodera de manera natural de cada corazón humano.

El orgullo es la razón que dificulta llegar a Cristo. Después de todo, ¿quién quiere aborrecerse y negarse a sí mismo? Sin embargo, ese fue el mensaje que Jesús enseñó: que uno no puede entrar en su reino si no se aborrece a sí mismo. Es difícil rehusarse a asociarse por más tiempo con la persona que uno es —hacer a un lado las ambiciones propias, los deseos, los sueños, las metas— y acudir a Cristo quebrantado, contrito y con las manos vacías.

No fue hace muchos años, cuando un estudiante de primer año de seminario con los ojos muy abiertos me preguntó: «Doctor MacArthur, ¿cómo pudo al fin superar el orgullo?» Una pregunta genuina, aunque tonta, porque nadie va a vencer el orgullo hasta que abandone esta carne caída. La lucha contra el orgullo continuará hasta el día de la glorificación. Sin embargo, eso no le da excusa a la gente para que se aferre a su jactancia. El orgullo tiene que quebrantarse para que los individuos sean salvos y eso tiene que ser continuamente para que sean santificados.

El orgullo del pastor

Mi temor es que los ministros que asisten a reuniones como la Conferencia de Pastores, que leen los libros correctos y que acumulan los conocimientos adecuados pueden sentirse motivados y con energías para salir a pelear la batalla por la verdad de una manera errónea. Me temo que los pastores bien capacitados, a menudo se sienten demasiado preparados para ser inflexibles con las personas que son lentas para aprender y para aceptar ciertas verdades. Pastor, cuanto más sepa y más maduro sea, mayor es el impacto que tiene su ministerio, mayor es la bendición que usted siente y mayor es la probabilidad de que nutra su orgullo.

Eso es lo que el apóstol Pablo escribió en 2 Corintios cuando el Señor le envió un mensajero de Satanás; creo que es una referencia a un grupo de falsos maestros que llegaron a Corinto y agitaron la iglesia. El caos que ese grupo causó devastó al apóstol. Pablo experimentó mucha agonía mientras observaba una iglesia que era triturada por la falsa enseñanza; una iglesia en la que él había invertido gran parte de su vida. El apóstol incluso oró tres veces al Señor para que eliminara ese aguijón, pero reconoció que el Señor se lo envió para perforar su carne que, de otro modo, sería orgullosa. Pablo dijo que el motivo por el que Dios le envió ese mensaje de Satanás fue para evitar que se exaltara a sí mismo.

Usted experimenta el poder de Dios
cuando llega al final de sí mismo.

Pablo había visto muchas revelaciones, estuvo en el cielo y regresó, fue testigo de cosas indecibles, fue arrebatado hasta el tercer cielo y tuvo apariciones privadas del Señor Jesucristo resucitado (2 Corintios 12:1-7). Este hombre tenía mucho de lo cual sentirse orgulloso, así que cuando el Señor necesitó humillar a su siervo —por demás orgulloso—, envió a un demonio acorde a los propósitos de su providencia. En medio de ese dolor, Pablo sabía que la gracia de Dios era suficiente y que el poder divino se perfeccionaría en su debilidad. Amado, usted experimenta el poder de Dios cuando llega al final de sí mismo.

Una lección de humildad

En Lucas, capítulo 9, Jesús impartió una lección de humildad. A estas alturas, los discípulos habían estado con Jesús por más de dos años y medio, veinticuatro horas al día, siete días a la semana. Estaban constantemente en la presencia de Jesús, por lo que cada lugar era un salón de clases y todo era una lección. Esos seguidores experimentaron la enseñanza incesante y todo lo que Jesús les enseñó era absolutamente correcto. Cada palabra que Él hablaba venía de una mente divina y, debido a ello, los discípulos fueron enseñados a la perfección.

Además, a los discípulos se les dio autoridad para representar a Jesucristo, al proclamar el evangelio del reino de ciudad en ciudad y de pueblo en pueblo. A esos hombres se les dio tanta autoridad que si iban a un pueblo que no recibía su mensaje, debían pronunciar un juicio sobre esas personas, sacudir el polvo de sus pies y partir de allí. También se les dio poder para echar fuera demonios y sanar enfermedades. Aquellos hombres comunes y corrientes recibieron esa inmensa cantidad de verdad, autoridad y poder divino, para que la ejercieran en el nombre de Jesucristo. Como resultado, su carne tenía dificultad para luchar contra el orgullo, por lo que fue necesario que nuestro Señor les enseñara el significado de ser humildes. Eso fue lo que Jesús hizo exactamente en Lucas, capítulo 9, impartió una clase sobre la humildad, misma que se aplica a nosotros también.

Al principio de Lucas 9 leemos que a los discípulos se les dio poder y autoridad para expulsar demonios, curar enfermedades, anunciar el reino, emitir juicio sobre las ciudades y sacudirse el polvo de sus pies. Con ese poder y esa autoridad fueron «anunciando el evangelio y sanando por todas partes» (Lucas 9:6). Para añadir a eso, Pedro, Juan y Jacobo fueron llevados hasta un monte con Jesús donde este hizo a un lado su carne y se transfiguró (vv. 28-29). En esa montaña, los tres discípulos vieron la gloria de Dios que resplandecía; allí conocieron a Moisés y a Elías. Esos hombres experimentaron un acontecimiento sorprendente, único y sin igual.

Con todo lo que experimentaron, era difícil que los discípulos permanecieran sumisos. Así que mientras bajaban del monte, entraron en discusión «sobre quién de ellos sería el mayor» (9:46). Puede imaginar lo que se dijo durante ese argumento. Uno de ellos pudo haber dicho: «Bueno, nunca se sabe, podría ser yo». Y Jacobo pudo haber respondido: «Bueno, si ibas a ser tú, habrías estado en la montaña con nosotros». Al instante, el grupo se habría reducido a tres. Uno podría haber dicho: «A nosotros nos llevaron al monte, a ti no». Entonces otro pudo haber intervenido: «En el último pueblo que visitamos, ¿a cuántas personas sanaste?». La respuesta hubiera llegado: «Bueno, tuve algunas sanidades menores». La réplica: «¡Ja! Yo tuve cinco sanidades importantes». Uno solo puede imaginarse el argumento que se planteó entre los discípulos.

Es importante recordar que los discípulos se enumeran en Mateo, Marcos, Lucas y Hechos. En cada una de esas listas se mencionan tres grupos de cuatro discípulos. Los grupos aparecen según el orden de intimidad descendente con Cristo. Cada vez que se dan esas listas, cada discípulo permanece en su grupo, y el primer nombre de cada grupo nunca cambia. Eso significa que había líderes sobre cada uno de los grupos. Pedro era el primer nombre que aparecía en el grupo más íntimo. Era el líder entre los otros líderes. Así que, en pocas palabras, había un orden jerárquico. El primer grupo era muy audaz. Pedro estaba en este, junto con Jacobo y Juan, también conocidos como los Hijos del Trueno. Y debido a que los discípulos vivían en un mundo en el que se entendía la jerarquía, estaban discutiendo sobre quién era el más grande comparando todas sus experiencias espirituales, las oportunidades para mostrar poder, los momentos particulares con Jesús e incluso el asombroso acontecimiento en el monte.

Es evidente que el argumento era tan intenso que Jacobo y Juan le pidieron a su madre que fuera ante Jesús y presentara su caso para sentarse a su mano derecha y su mano izquierda. Los Hijos del Trueno hicieron eso debido a que su madre se relacionaba con la mamá de Jesús, y supusieron que tenían el camino libre por ser familia. Esos hombres tenían el mensaje correcto y eran representantes elegidos de Dios; sin embargo, todavía tenían que enfrentar la cuestión del orgullo. En este texto, Jesús les enseñó a los discípulos —y a nosotros— una lección necesaria sobre la humildad.

El orgullo arruina la unidad

El primer principio que Jesús enseñó es que el orgullo arruina la unidad. Lucas escribió: «Entonces entraron en discusión» (9:46). La palabra griega traducida como «discusión» implica una batalla en la que la unidad se fracturó. Los discípulos eran un equipo, por lo que se suponía que no debían estar compitiendo entre sí. Los de esa primera generación de predicadores del evangelio necesitaban dar sus vidas por Cristo y cederse sus corazones de manera mutua. En vez de eso, estaban destruyendo su unidad en medio de una misión crucial. El orgullo es capaz de destruir el más íntimo tipo de unidad. Incluso Jesús, mientras estaba a punto de sufrir en la cruz, les habló a los discípulos acerca de su propio sufrimiento; sin embargo, no pudo mantener su atención porque estaban demasiado ocupados alienándose unos a otros con su deseo de gloria propia. El orgullo tiene la capacidad de destruir las relaciones.

Por ejemplo, el orgullo destruyó las relaciones entre los creyentes de Corinto. En 2 Corintios 12:20, Pablo escribió que temía visitar a su iglesia porque le preocupaba encontrar entre ellos contiendas, celos, ira, disputas, calumnias, chismes, arrogancia y disturbios. Él no sabía si podría manejar las facciones que se originaban en el orgullo.

El orgullo es capaz de causar mucho daño; es por eso que Pablo escribió en Filipenses 1:27 que los creyentes debían estar «combatiendo unánimes por la fe del evangelio». E instó a los filipenses a que no compitieran entre sí, sino que mantuvieran la unidad:

> Por tanto, si hay alguna consolación en Cristo, si algún consuelo de amor, si alguna comunión del Espíritu, si algún afecto entrañable, si alguna misericordia, completad mi gozo, sintiendo lo mismo, teniendo el mismo amor, unánimes, sintiendo una misma cosa. Nada hagáis por contienda o por vanagloria; antes bien con humildad, estimando cada uno a los demás como superiores a él mismo; no mirando cada uno por lo suyo propio, sino cada cual también por lo de los otros. Haya, pues, en vosotros este sentir que hubo también en Cristo Jesús, el cual, siendo en forma de Dios, no estimó el ser igual a Dios como cosa a que aferrarse, sino que se despojó a sí mismo, tomando forma de siervo, hecho semejante a los hombres; y estando en la condición de hombre, se humilló a sí mismo, haciéndose obediente hasta la muerte, y muerte de cruz (2:1-8).

Como pastor, usted puede predicar sobre el tema de la unidad hasta que su cara se torne azul, pero mientras el orgullo exista en la iglesia, continuará destruyendo las relaciones.

El orgullo eleva la relatividad

El segundo principio que Jesús enseñó es que el orgullo eleva la relatividad. La esencia de la discusión es determinar quién es comparativamente mayor. El orgullo desea superioridad sobre los demás, busca elevarse a sí mismo y se compara con todos los otros. De eso exactamente es de lo que Jesús acusó a los fariseos. A ellos les agradaba que los hombres los vieran, les encantaba el lugar honroso en los banquetes, preferían las primeras sillas en las sinagogas, que los saludaran con respeto en el mercado y que les llamaran rabinos. El corazón orgulloso lucha incesantemente por la posición superior e incrementa la relatividad comparándose s sí mismo con los demás. Sin embargo, Jesús tenía y continúa teniendo una definición diferente de la grandeza: «Cualquiera que se enaltece, será humillado; y el que se humilla, será enaltecido» (Lucas 14:11).

El orgullo revela la depravación

Un tercer principio que Jesús enseñó es que el orgullo revela el pecado y la depravación. Lucas escribió que Jesús sabía «los pensamientos de sus corazones» (9:47). Jesús siempre sabe lo que hay en el corazón de una persona. ¿Cómo les gustaría pasar tres años con Dios leyendo constantemente sus pensamientos? Esa puede ser la mayor evidencia de la gracia de Dios en el uso de vasos imperfectos. Aunque sabe todos nuestros pensamientos, todavía utiliza gente falible y débil.

No importa cuánto pueda intentar evitar la desunión o algún tipo de jerarquía espiritual; dado el tiempo suficiente, los pecados del corazón todavía van a salir. El tiempo y la verdad van de la mano. Un pastor orgulloso puede mantener su engreimiento en secreto durante un tiempo, pero al fin la congregación averiguará que es impulsado por un corazón orgulloso. Esa es una de las principales razones por las que algunos pastores tienen un ministerio breve.

En su respuesta, el Señor no estaba reaccionando solo debido al daño que el orgullo causa, ni a la relatividad que ocurre, sino debido a su pecaminosidad. Jesús sabía lo que los discípulos estaban pensando cuando «tomó a un niño y lo puso junto a sí» (9:47). Era un niño lo suficientemente pequeño como para sostenerlo (ver Marcos 9:36), pero lo bastante crecido como para pararse delante de Jesús. Esa imagen representa a una persona que acude al Señor sin logros alcanzados, sin éxito y carente de autoestima. A Dios no le importa cuántos títulos uno tenga, qué tanto haya leído, cuán ingenioso sea en la comunicación o cuán fuerte como líder. La única forma en que uno puede acercarse a Él es como un niño manso y humilde.

En esa cultura, se consideraba a los niños como los más débiles, los más ignorados y los más vulnerables de todos los seres humanos. Se veían como de poco valor, por lo que muchos de ellos no sobrevivían para convertirse en adultos. Jesús usó a ese niño para enseñarles a los discípulos que estaban viéndose a sí mismos como reyes cuando estaban actuando como niños. El pecado del orgullo no reconoce la dependencia total y absoluta de Dios que una persona debe tener. El orgullo revela el pecado y la depravación.

El orgullo rechaza la deidad

En cuarto lugar, el orgullo rechaza la deidad. Jesús dijo en Lucas 9:48: «Cualquiera que reciba a este niño en mi nombre, a mí me recibe; y cualquiera que me recibe a mí, recibe al que me envió». El niño representa a aquellos que son discípulos de Jesús. Jesús dejó en claro que, a menos que uno se vuelva como un niño, no entrará en el reino. Por lo tanto, los que rechazan a Cristo objetan la presencia de Dios en otros creyentes. Estos hijos de Dios son preciosos para el Señor, por lo que también deben ser valiosos para nosotros.

Como pastores, nunca podemos decir que no tenemos tiempo para otros cristianos, puesto que el Espíritu Santo mora en cada creyente. Los discípulos sintieron que Jesús estaba perdiendo su tiempo interactuando con los niños, pero observe lo que les responde: «Dejad a los niños venir a mí, y no se lo impidáis; porque de los tales es el reino de Dios» (Marcos 10:14). Debemos tener mucho cuidado cuando se trata de rechazar, ofender o menospreciar a otros creyentes, ya que cuando lo hacemos, estamos ofendiendo a Cristo, que habita en ellos. El orgulloso piensa que es mejor que otro creyente en quien Cristo mora; por lo tanto, el orgullo rechaza la deidad.

El orgullo revierte la realidad

El quinto principio que Jesús enseñó es que el orgullo revierte la realidad. «El que es más pequeño entre todos vosotros, éste es el que es grande» (Lucas 9:48). Esta verdad molesta al mundo y derrumba la sabiduría convencional. La sabiduría del mundo afirma que quien es el más popular, el más conocido, el más influyente y el más poderoso es el más grande. El orgullo intenta revertir la realidad de que el más grande es el que sirve, es decir, el siervo. Pablo enfatizó esta verdad en 1 Corintios 1:26-28 cuando escribió acerca del Señor estableciendo su iglesia no con muchos nobles, ni muchos poderosos, sino con los humildes y los débiles. E hizo eso para que la gloria pudiera ser de Él y que no hubiera otra explicación para la existencia de la iglesia que los propósitos divinos.

Amados, nosotros somos los humildes y los más pequeños. Nuestra lucha debe centrarse en ver quién puede servir a los más, porque «el que quiera hacerse grande entre vosotros será vuestro servidor» (Mateo 20:26). El orgullo intenta revertir la realidad, y esto se ve incluso en el mundo cristiano. Las personas que son homenajeadas, populares y que han logrado todo tipo de cosas tienden a promoverse a sí mismas inevitablemente. Como ministros de Dios, esta es una batalla que tenemos que pelear; por tanto, debemos esforzarnos por ser humildes como Jesús.

El orgullo reacciona con exclusividad

En sexto lugar, el orgullo reacciona con exclusividad. A los fines de esta lección veamos Lucas 9:49: «Entonces respondiendo Juan, dijo: Maestro, hemos visto a uno que echaba fuera demonios en tu nombre; y se lo prohibimos, porque no sigue con nosotros». Aquí vemos a Juan reaccionar con exclusividad. Juan era un hombre dinámico, movido; no era manso. Lo que no ayudaba era que acababa de bajar del monte de la transfiguración. Es en medio de todo eso que Juan se encontró con alguien que expulsaba demonios en el nombre de Jesucristo, y trató de impedírselo porque esa persona no era uno de los discípulos que seguían a Jesús. Juan básicamente dijo: «¡Eh! Tú no eres de nuestro grupo. No llevas nuestro sello».

Leemos que este individuo no solo trató de echar fuera demonios; los estaba expulsando en el nombre de Jesús. Tal vez era uno de los setenta que fueron enviados, pero no era parte de los Doce. Hacer algo en el nombre de Jesús indica coherencia con la identidad y la misión de Jesús. Al parecer, ese individuo era un creyente, aunque no un apóstol, y estaba sirviendo para la gloria de Cristo. El texto original en griego indica que el hombre siguió haciendo su tarea mientras Juan y algunos otros lo seguían de cerca, tratando de detenerlo. Ellos hicieron eso porque él no estaba en el grupo.

El orgullo siempre es sectario y estrecho. Ese hombre no era un incrédulo como Simón el Mago, que estaba tratando de comprar el poder del Espíritu Santo (Hechos 8:18-19). Sin embargo, no estaba directamente afiliado al grupo de los discípulos de Jesús; y Juan tenía problema con eso.

A veces me preguntan por qué me asocio con una organización o persona específica y por qué ellos se asocian conmigo. Si tuviera que limitar mis asociaciones solo a las personas de mi grupo, entonces el mundo sería un lugar solitario. El orgullo quiere hacer exactamente eso. El orgullo dice: «Yo sé más que tú. No sé si pueda trabajar contigo. Tú necesitas corrección. Tú necesitas ayuda. No eres de ellos. Una vez lo seas, entonces, trabajo contigo». La humildad dice: «Si estás haciendo esto en el nombre de Cristo y estás haciendo tu mejor esfuerzo para servir a Cristo, te acompañaré», porque entre los humildes hay amplitud y generosidad.

Jesús dejó en claro que no hay término medio. Si alguien es por Cristo y está haciendo todo lo posible por servirle, no se lo impida más. Jesús le dijo a Juan: «No se lo prohibáis; porque el que no es contra nosotros, por nosotros es» (Lucas 9:50). La verdadera iglesia es un lugar muy diverso. He estado por todo el mundo, y es evidente que las culturas, estilos y expresiones de culto varían de una región a otra. A pesar de que yo podría hacer ciertas cosas de forma diferente, si ellos son de Cristo, yo estoy llamado a no impedir ese esfuerzo. Pero es difícil ser humilde cuando uno piensa que tiene la razón. Debemos humillarnos a nosotros mismos y darnos cuenta de que todos, todavía, estamos en proceso.

La humildad pertenece a aquellos que entienden que el camino hacia abajo es el que lleva hacia arriba.

La humildad persigue la unidad al tratar de exaltar a los demás. La humildad rehúsa las comparaciones. La humildad purifica a la persona interior de todo egoísmo. La humildad es de los que exaltan a Dios solamente como objeto de adoración y reconocen que no deben rechazar a los hermanos en la fe, sino honrarlos y amarlos. La humildad pertenece a aquellos que entienden que el camino hacia abajo es el que lleva hacia arriba. La humildad es una característica de los que abrazan la diversidad de los verdaderos creyentes.

El orgullo limita la misericordia

El séptimo y último principio que Jesús enseñó es que el orgullo restringe la misericordia. A medida que nos acercamos al final de Lucas 9, leemos que el ministerio en Galilea concluyó y se acercaban los días de la ascensión de Jesús a Jerusalén y, en última instancia, a la cruz (v. 51). La escena cambia, pero la lección de humildad continúa, y aquí nos encontramos con una ilustración acerca de la manera en que el orgullo restringe la misericordia. Mostrar misericordia es ser generoso, amable y desinteresado. Lo contrario es una falta de misericordia, lo cual está reservado para la clase más rancia de personas, las que están llenas de venganza, hostilidad y maldad. En esta ocasión, leemos que algunos de los discípulos eran despiadados: «Y envió mensajeros delante de él, los cuales fueron y entraron en una aldea de los samaritanos para hacerle preparativos. Mas no le recibieron, porque su aspecto era como de ir a Jerusalén. Viendo esto sus discípulos Jacobo y Juan, dijeron: Señor, ¿quieres que mandemos que descienda fuego del cielo, como hizo Elías, y los consuma?» (Lucas 9:52-54).

Los samaritanos eran una raza mixta de paganos semitas que quedaron del Reino del Norte. Después que ese reino fue invadido por los asirios, los pueblos que quedaron se mezclaron casándose con paganos y se convirtieron en fieles al rey asirio. Los judíos los odiaban porque eran considerados mestizos que habían rechazado su raza y su fe.

Aun cuando los judíos rechazaban a los samaritanos, Jesús no. En Juan 4, leemos que ministraban a esas personas debido a que el evangelio también era para los gentiles. Así que en Lucas 9, Jesús visitó un pueblo samaritano para predicar el reino. Mientras se acercaba, envió a unos mensajeros para que hicieran los preparativos. Sin embargo, la gente del pueblo rechazó a Jesús y le impidieron su visita. Ellos lo rechazaron porque viajaba con enfocado en Jerusalén y ellos despreciaban a los judíos. Como a los samaritanos no se les permitía adorar en Jerusalén, tuvieron que construir su propio lugar de adoración en Gerizim. Para empeorar las cosas, en 128 a.C., su templo en Gerizim fue destruido. Eso hizo que odiaran aún más a los judíos.

Cuando Jacobo y Juan vieron ese rechazo, le preguntaron al Señor: «¿Quieres que mandemos que descienda fuego del cielo, como hizo Elías, y los consuma?» Bueno, esa es una reacción extraña a la incredulidad. No mostraron un corazón misionero. ¿Y cuándo tuvieron alguna vez estos discípulos la capacidad de expresar tal poder? ¿De dónde sacaron esa idea? Recuerden que, poco antes, ellos estuvieron con Elías en la transfiguración; y lo más probable es que estuvieran evocando un incidente que se registra en 2 Reyes 1.

Allí leemos que Ocozías, el soberano del Reino del Norte, envió a cincuenta hombres junto con un capitán a tomar a Elías prisionero. Cuando el capitán vio a Elías, le dijo: «Varón de Dios, el rey ha dicho que desciendas» (v. 9), que era otra forma de decir: «Está bajo arresto». Respondió Elías: «Si yo soy un hombre de Dios, vamos a volver a descender del cielo y tú y tus cincuenta» (v. 10). Y descendió fuego del cielo y consumió a los hombres. El tonto rey envió otro grupo de hombres y el capitán de ese grupo dijo: «Varón de Dios, el rey ha dicho así: Desciende pronto» (v. 11). Elías respondió: «Si yo soy varón de Dios, descienda fuego del cielo, y consúmate con tus cincuenta. Y descendió fuego del cielo, que lo consumió a él y a sus cincuenta» (v. 12). Una vez más el fuego de Dios bajó del cielo y consumió a ese grupo.

El rey envió a un tercer grupo. Al menos este capitán fue racional, vino delante de Elías, se inclinó y declaró: «Varón de Dios, te ruego que sea de valor delante de tus ojos mi vida, y la vida de estos tus cincuenta siervos» (v. 13). Y continuó: «He aquí ha descendido fuego del cielo, y ha consumido a los dos primeros capitanes de cincuenta con sus cincuenta; sea estimada ahora mi vida delante de tus ojos» (v. 14). Como resultado, el ángel del Señor le dijo a Elías:

> Entonces el ángel de Jehová dijo a Elías: Desciende con él; no tengas miedo de él. Y él se levantó, y descendió con él al rey. Y le dijo: Así ha dicho Jehová: Por cuanto enviaste mensajeros a consultar a Baal-zebub dios de Ecrón, ¿no hay Dios en Israel para consultar en su palabra? No te levantarás, por tanto, del lecho en que estás, sino que de cierto morirás.

Aprendemos en el versículo 17 que el rey murió «conforme a la palabra de Jehová».

Volviendo a Lucas 9, los discípulos se acordaron de lo que Elías había hecho y quisieron también mandar que descendiera fuego del cielo. Sin embargo, en vez de obtener confirmación, recibieron una reprimenda de parte del Señor: «Él se volvió y los reprendió, diciendo: Entonces volviéndose él, los reprendió, diciendo: Vosotros no sabéis de qué espíritu sois; porque el Hijo del Hombre no ha venido para perder las almas de los hombres, sino para salvarlas. Y se fueron a otra aldea» (vv. 55-56).

Jesús estaba en una misión de misericordia, pero el orgullo de los discípulos la estorbaba. No podemos convertir a los oponentes del evangelio en el enemigo. Si atacamos todo el que no esté de acuerdo con nosotros etiquetándolo, agrediéndolo e insultándolo, estamos distanciándonos del campo misionero nosotros mismos. Los perdidos no son el enemigo; son el campo misionero. Un día el fuego vendrá, pero hasta entonces, estamos comisionados a participar en una misión de misericordia.

El pequeño pueblo samaritano se salvó del fuego físico. Y más adelante leemos en Hechos 8 que Felipe, un diácono en la iglesia primitiva, predicó en Samaria. Quizás muchos de los samaritanos también se salvaron de la llama eterna por la predicación de Felipe.

Como pastores, estamos en una misión de misericordia, por lo que no podemos alejar a las mismas personas que estamos llamados a alcanzar. Sin embargo, el orgullo va a hacer eso porque restringe la misericordia. Conocemos la verdad y tenemos la verdad. Pero no debemos dejar que ese conocimiento nos haga orgullosos; más bien, debemos predicar la verdad con amor y humildad. Jesús dijo: «Sed, pues, misericordiosos, como vuestro Padre es misericordioso. Y sed humildes, como Cristo que se humilló a sí mismo».

ORACIÓN

Padre, tu Palabra es preciosa. Tu Palabra es rica. Tu Palabra es poderosa. Permite que podamos aprender bien estos principios acerca de la humildad. Jesús pudo haber hecho que cayera fuego del cielo pero, en vez de eso, simplemente se fue a otro lugar. Ayúdanos a manifestar todas las características de la humildad y a no mostrar ninguno de los desagradables rasgos del orgullo. Nos encomendamos de nuevo a tu gracia y a tu Palabra, la cual es capaz de edificarnos y darnos una herencia que esperamos con gozo. En el nombre de Cristo, amén.

Pureza en el campamento

«El sacerdote escribirá estas maldiciones en un libro,
y las borrará con las aguas amargas».

NÚMEROS 5:23

2

PUREZA EN EL CAMPAMENTO

Ligon Duncan
Números 5:11-31

P or los últimos ocho años, he predicado consecutivamente a través de un libro del Pentateuco cada domingo en la mañana, seguido por una sección de los Salmos en la noche.

Aun cuando predicaba en el Pentateuco, temía llegar al libro de Números. Mi amigo John Currid, que está elaborando un comentario sobre el Pentateuco, escribió sobre los libros en este orden: Génesis, Éxodo, Levítico, Deuteronomio y luego Números. De modo que incluso un erudito del Antiguo Testamento como John Currid se enfocó en el libro de Números con un poco de temor y nerviosismo.

Puede que Números no sea su libro bíblico preferido y que tal vez no le entusiasme, en lo particular, aprender de él. Es posible que no lo haya leído en mucho tiempo, mucho menos predicado un sermón sobre él. El libro consta de 36 capítulos, 1288 versículos, leyes, arena, desierto, murmuración y gente errante. No es demasiado optimista, ¿verdad?

Pero quiero que vean lo importante, emocionante, práctico y útil que es el libro de Números. Sin embargo, al mismo tiempo, hay algunos desafíos a los que nos enfrentamos al considerarlo.

Desafíos del libro de Números
Un libro de historia
Por un lado, Números es un libro de historia y, en el mundo moderno, no nos gusta ese tema porque no sabemos mucho al respecto. A principios del siglo veinte, Henry Ford nos enseñó que la historia es absurda. Rara vez pensamos que los acontecimientos que ocurrieron hace veinte años tienen algo que ver con la actualidad y, si lo hacen, todavía

optamos por no recordarlos. Un erudito británico, Ambrose Bierce, dijo en forma humorística que «la guerra es la forma que Dios usa para enseñarles a los estadounidenses la geografía».[1]

A esa declaración le añadiría la historia.

Nos guste o no, el Libro que predicamos es de historia. Aun cuando no le agrade, la historia bíblica es como ninguna que jamás haya leído. Los californianos se acordarán de su exgobernador, Ronald Reagan, que era capaz de contar la historia a través de relatos que lo involucraban a usted en la experiencia. Moisés era capaz de hacer eso también. Él contó la historia de tal manera que lo planta a uno en medio de su escenario. Hace que usted se dé cuenta de que esta es su gente; de que esta es su historia. Yo crecí en el sur del país. Mi padre acostumbraba llevarme a los cementerios y decir: «Hijo, esta es tu gente». (Confía en mí cuando te digo que los sureños son extraños.) Moisés, desde hace 3400 años, nos decía: «Esta es tu gente. Aprende de ellos».

Un libro acerca de la desobediencia

Otro desafío a la enseñanza, predicación y aprendizaje del libro de Números es que está lleno de historias de personas que se comportan en forma terrible. ¿Quién quiere oír hablar de eso? Al contrario, seamos positivos, optimistas, alegres y esperanzados en cuanto a la naturaleza humana. Sin embargo, somos pastores. Al igual que nuestro Maestro, no hemos sido llamados a los justos, sino a los pecadores. Incluso en nuestras congregaciones hay personas que todavía luchan con el pecado que mora en ellos. Individuos que, por la acción poderosa del Espíritu Santo, han sido llamados a la fe en Cristo y se han unido a Él. Personas que han sido convertidas gloriosamente desde el interior hacia lo exterior por esa obra regeneradora y soberana del Espíritu Santo, pero que todavía luchan con el pecado.

La vida de un pastor consiste en tratar con la gente que se comporta mal. ¿Qué mejor libro para ver eso que Números? Somos como los hijos de Israel y, aunque preferimos no pensar en nuestro pecado, es muy importante que lo hagamos. Tenemos que reflexionar en ello, tenemos que apropiarnos del pecado, necesitamos considerar el peligro que representa y sus consecuencias, y tenemos que arrepentirnos y lidiar con él. El libro de Números nos ayudará a hacerlo.

Un libro organizado de una forma única

En tercer lugar, este libro está lleno de historias, cuyo flujo a veces es interrumpido por lo que parecen ser secciones arbitrarias acerca de leyes y procedimientos extraños. Moisés no solo fue un gran narrador; también fue un excelente organizador. De modo que han de notar que las secciones históricas de este libro se relacionan con las secciones legales. Y estas a su vez están vinculadas a los segmentos procesales. Hay una lógica subyacente a todo. Por supuesto, Moisés contaba con un gran redactor anónimo: Dios, el Espíritu Santo, que fue el autor de esas palabras. Es por eso que una vez que entiendes la lógica de la organización, aprecias el libro aun más, debido a las diversas formas en que Moisés hizo entender la verdad.

Nueve cosas que dijo Pablo acerca del libro de Números

En caso de que aún no estén convencidos de la importancia de estudiar Números, quiero llevarlos al Nuevo Testamento; al apóstol Pablo y 1 Corintios 10. Después de eso, quiero ver un himno que todos sabemos y amamos. Todo esto es para tratar de convencerles de lo aplicable, útil, importante y edificante que es el libro de Números.

Vean conmigo 1 Corintios 10:1-13. Todo lo que Pablo habla en este pasaje ocurrió en el desierto y fue registrado por Moisés en Éxodo o en Números. El punto clave que el apóstol quería mencionarles a los cristianos de Corinto sale directamente del libro de Números. Pablo estaba hablando acerca de lo importante, útil, aplicable y edificante que es Números. Sin embargo, estaba diciendo más que eso, expresaba que el libro de Números fue escrito para nosotros. Afirmó que los acontecimientos registrados en ese libro ocurrieron para beneficio nuestro, y que Dios quiere que aprendamos de ellos la manera en que hemos de vivir en la actualidad.

Veamos lo que escribió el apóstol Pablo:

Porque no quiero, hermanos, que ignoréis que nuestros padres todos estuvieron bajo la nube, y todos pasaron el mar; y todos en Moisés fueron bautizados en la nube y en el mar, y todos comieron el mismo alimento espiritual, y todos bebieron la misma bebida espiritual; porque bebían de la roca espiritual que los seguía, y la roca era Cristo. Pero de los más de ellos no se agradó Dios; por lo cual quedaron postrados en el desierto. Mas estas cosas sucedieron como ejemplos para nosotros, para que no codiciemos cosas malas, como ellos codiciaron. Ni seáis idólatras, como algunos de ellos, según está escrito: Se sentó el pueblo a comer y a beber, y se levantó a jugar. Ni forniquemos, como algunos de ellos fornicaron, y cayeron en un día veintitrés mil. Ni tentemos al Señor, como también algunos de ellos le tentaron, y perecieron por las serpientes. Ni murmuréis, como algunos de ellos murmuraron, y perecieron por el destructor. Y estas cosas les acontecieron como ejemplo, y están escritas para amonestarnos a nosotros, a quienes han alcanzado los fines de los siglos. Así que, el que piensa estar firme, mire que no caiga. No os ha sobrevenido ninguna tentación que no sea humana; pero fiel es Dios, que no os dejará ser tentados más de lo que podéis resistir, sino que dará también juntamente con la tentación la salida, para que podáis soportar.

Quiero que se den cuenta de nueve cosas en este pasaje que el apóstol Pablo afirmó acerca del libro de Números.

Nuestra atención debe enfocarse en la obra redentora de Cristo y en el modo en que esa historia, en particular, contribuye al desarrollo de ese gran tema bíblico.

Primero, noten que Pablo escribió que los acontecimientos que se produjeron en el desierto sirven de ejemplo «para amonestarnos a nosotros». En la actualidad es muy común que digamos, sobre todo en algunos círculos: «Toda nuestra predicación debe ser histórica y redentora», en el aspecto de que solo se circunscribe al panorama general de los propósitos redentores de Dios en cuanto a cualquier pasaje en particular. Ese punto de vista respalda que no debe haber ninguna aplicación y nunca deberíamos predicar ejemplos del Antiguo Testamento, porque eso es moralismo. Al contrario, nuestra atención debe centrarse en la obra redentora de Cristo y en la manera en que esa historia en particular contribuye al desarrollo de ese gran tema bíblico.

Hay muchos asuntos útiles que enfatizan los interesados en la promoción de la predicación histórico-redentora, lo cual es un correctivo muy útil para la exposición que no se enfoca en la cruz, que no se centra en el evangelio. Sin embargo, tiene un pequeño problema y es con el Nuevo Testamento. El Nuevo Testamento emplea ejemplos del Antiguo y los aplica a los cristianos, tanto en lo que tiene que ver con lo positivo como con lo negativo. Eso es exactamente lo que el apóstol Pablo hizo en 1 Corintios 10:1-13. Él se refería a lo que los hijos de Israel hicieron en el desierto, como está registrado en Números; por lo que escribió a los corintios y a nosotros afirmando: «¿Ven lo que ellos hicieron? No lo hagan ustedes».

Jesús hizo lo mismo cuando se tornó a sus discípulos y dijo: «Acordaos de la mujer de Lot» (Lucas 17:32). Santiago hizo lo mismo y dio un ejemplo positivo cuando expresó: «Tengo que lograr que estos tipos oren como cristianos. Veamos qué ilustración podría utilizar... ¡Elías! Oren como Elías. Hubo una sequía en la tierra hasta que ese hombre empezó a orar, y Dios hizo descender la lluvia. Así es como ustedes oran, cristianos, como Elías» (ver Santiago 5:16-18).

El Nuevo Testamento está lleno de ejemplos provenientes de los redactores inspirados de la Escritura que utilizan el Antiguo Testamento para animar y exhortar a los creyentes a tener una vida cristiana. Eso es lo que Pablo estaba haciendo en 1 Corintios 10, al señalar que los hechos ocurridos en el desierto ocurrieron como ejemplo para nosotros (vv. 5-6).

Segundo, observen que Pablo declaró que los hechos ocurridos en el desierto fueron diseñados para proporcionarnos una advertencia moral. Vean el versículo 6: «Mas estas cosas sucedieron como ejemplos para nosotros, para que no codiciemos cosas malas, como ellos codiciaron». Esos acontecimientos sirvieron como exhortaciones morales diseñadas para advertirnos lo peligroso que es el pecado.

Tercero, noten de nuevo en el versículo 6 que el apóstol no se limita a decir que esas cosas se registraron como ejemplos para nosotros. Además señaló: «Estas cosas *sucedieron* como ejemplos para nosotros». Eso debería dejarnos sin aliento; los hombres perdieron sus esposas, las mujeres perdieron a sus esposos, los padres perdieron a sus hijos, los hijos perdieron a sus padres y a sus abuelos en el desierto. Pablo no estaba menospreciando, en ninguna manera, las experiencias del pueblo de Dios en el desierto. No obstante dejó claro que, en el diseño de Dios, eso sucedió con el fin de que Él les pudiera dar un ejemplo. Eso muestra lo mucho que Dios les ama a ustedes y lo mucho que se preocupa por ustedes. Él no malgasta la vida, puesto que la creó. Dios no trata la vida de su pueblo con ligereza ni superficialmente y, sin embargo, la vida de miles y miles de personas se vieron afectadas en el curso de su providencia. El apóstol Pablo declaró: «Esto sucedió por ti». Por eso debemos decir: «Esa es mi gente».

Cuarto, los sucesos narrados en Números nos brindan exhortación a los cristianos. Vean el versículo 7: «Ni seáis idólatras, como algunos de ellos». Luego vean el versículo 11: «Y estas cosas les acontecieron como ejemplo, y están escritas para amonestarnos a nosotros, a quienes han alcanzado los fines de los siglos». En los hechos que se registran en el libro de Números Dios, mediante su providencia, piensa en los creyentes del Nuevo Pacto.

Quinto, noten que Pablo aplicó esas exhortaciones específicamente a los creyentes del Nuevo Testamento en cuatro aspectos. Uno, «no seáis idólatras» (v. 7). Toda la Biblia fue escrita como un asalto a gran escala contra la idolatría. Lo primero que Pablo quería que aprendiéramos del libro de Números es que no fuésemos idólatras. Ustedes no se pueden imaginar lo importante que es esto para la vida en la congregación cristiana. Si vamos a ser discípulos, y no solo un montón de personas que simplemente se sientan en el banco, debemos consagrarnos a la adoración del único Dios verdadero en todo lo concerniente a la vida. Eso es lo que significa no ser idólatras.

Dos, Pablo declaró en base a la historia de los israelitas en el desierto, que no debemos ser inmorales. Muchas personas bajo la agresión de nuestra cultura tóxica están empezando a pensar: *Hemos sido demasiado estrechos en cuanto a los asuntos morales, por lo que la iglesia cristiana debe ser lo suficientemente amplia como para tratar la diversidad sexual que existe en nuestra cultura.* Opuesto a eso, el apóstol Pablo escribió en el versículo 8: «Ni forniquemos, como algunos de ellos fornicaron, y cayeron en un día veintitrés mil».

Tres, aprecien que Pablo escribió que no somos llamados a probar al Señor con jactancia, como lo hiciera Israel. Y cuatro, no debemos murmurar contra la providencia como lo hicieron ellos (vv. 7-10). Esas son las formas específicas en que Pablo aplicó la exhortación moral a los creyentes del Nuevo Testamento.

Sexto, esos sucesos no solo ocurrieron para los cristianos, pero se nos dice en el versículo 11 que se escribieron para los cristianos. Dios tenía esos hechos registrados intencionadamente para nosotros: «Y estas cosas les acontecieron como ejemplo, y están escritas para amonestarnos a nosotros, a quienes han alcanzado los fines de los siglos». La escritura de esta historia tuvo como objetivo un beneficio para el pueblo de Dios en el Nuevo Pacto.

Séptimo, el apóstol Pablo nos advirtió en este texto en cuanto a no pensar, como los israelitas, que no vamos a caer. Lo que decía era que: «No pienses, cristiano del Nuevo Pacto, que solo porque has visto las glorias de la cruz eres inmune a la tentación de caer como los hijos de Israel en el desierto» (paráfrasis).

Octavo, hemos de aprender de las tentaciones y fracasos que sufrieron los israelitas con el fin de evitar los nuestros (v. 13). Seguro que han oído la frase que afirma que el que no aprende de la historia está condenado a repetirla. Pues bien, este es el corolario espiritual de esa perogrullada: «Mira sus tentaciones. Mira sus fracasos y escapa, cristiano, de los tuyos».

Luego *noveno*, el apóstol Pablo dijo que Cristo está precisamente en el centro de todo ese recuento acerca del desierto (v. 4). Él es la roca que seguía al pueblo. Todo esto tiene que ver con la exaltación de Cristo.

Respaldo musical

Ahora bien, si Pablo no los ha convencido, permítanme invitarles a considerar un cántico que se encuentra en los himnarios. William Williams, el más grande de los poetas cristianos de Gales, escribió un himno titulado: «Guíame, oh tú, gran Jehová» [Guide Me, O Thou Great Jehovah]. Ese himno es el libro de Números aplicado a los cristianos. Si lo han vocalizado, han estado cantando acerca del libro de Números aplicado a los creyentes de hoy. «Guíame, oh tú, gran Jehová» es lo que William

Williams medita —desde una perspectiva cristiana— acerca de la historia que se registra en Números.

He aquí Números 5

Espero que, a estas alturas, ya estén viendo que Números es un libro glorioso, beneficioso, aplicable y emocionante para estudiar. Ahora vayamos a Números 5. Este capítulo se puede resumir en tres partes: los versículos 1 al 4, que se refieren a las impurezas físicas capaces de contaminarles a ustedes y que requieran que se les saque del campamento. Los versículos 5 al 10, refieren ciertos delitos morales que pueden contaminarles y que requieran que se les elimine. Y los versículos 11 al 31, que tratan con tensiones familiares derivadas de la infidelidad conyugal o del temor a ella. Esas secciones se agrupan en este capítulo y tienen que ver con cuestiones que contaminan el campamento, es decir, el ambiente en el que uno se desenvuelve.

Los primeros cinco capítulos de Números tratan en cuanto a cómo vivir con Dios en su ambiente. Él es santo, por lo que hay ciertos requisitos que su pueblo necesita cumplir para que puedan ser santos como Él. Por lo tanto, el capítulo 5 es esencial, ya que aclara lo que contamina al campamento y deshonra a Dios. En consecuencia, los israelitas tenían que tratar con personas impuras con la mayor seriedad.

Números 5:1-10 revela de inmediato lo importante y práctico que era separar a los contaminados. Las impurezas físicas que se enumeran constituían un peligro potencial para el campamento, literalmente, para sus vidas.

No había antibióticos en ese entonces, lo que significaba que la enfermedad podía propagarse como pólvora por todo el campamento. Entrar en contacto con los muertos y las bacterias que portaban, o con una persona que tuviera una enfermedad de la sangre y con las bacterias que él o ella llevaba, o con un leproso y las infecciones peligrosas que portaban podía ser perjudicial para la comunidad. Eran obvias las razones por las que se deseaba aislar del campamento a las personas con ese tipo de impurezas físicas.

Por supuesto, también hay una razón teológica obvia por la que tal separación se debía hacer. Este pasaje completo nos está enseñando cómo es Dios. En este contexto, el énfasis está en que Dios es santo y en que está presente. Porque Él es santo y está presente, hay que cumplir con ciertos requisitos si vamos a vivir cerca de Él. Las leyes mismas se centran en Dios. Ellas nos apuntan hacia Él. Nos enseñan acerca de quién es Él y lo que ha hecho. Esa porción del capítulo básicamente se explica a sí misma. A continuación, quiero llamarles la atención en cuanto a lo que parece ser una sección extraña y al parecer inaplicable que considera las relaciones maritales tensas. Vean conmigo los versículos 11 al 31:

> También Jehová habló a Moisés, diciendo: Habla a los hijos de Israel y diles: Si la mujer de alguno se descarriare, y le fuere infiel, y alguno cohabitare con ella, y su marido no lo hubiese visto por haberse ella amancillado ocultamente, ni hubiere testigo contra ella, ni ella hubiere sido sorprendida en el acto; si viniere sobre él espíritu de celos, y tuviere celos de su mujer, habiéndose ella amancillado; o viniere sobre él espíritu de celos, y tuviere celos de su mujer, no habiéndose ella amancillado; entonces el marido traerá su mujer al sacerdote, y con ella traerá su ofrenda, la décima parte de un efa de harina de cebada; no echará sobre ella aceite, ni pondrá sobre ella incienso, porque es ofrenda de celos, ofrenda recordativa, que trae a la memoria el pecado. Y el sacerdote hará que ella se acerque y se ponga delante de Jehová. Luego tomará el sacerdote del agua santa en un vaso de barro; tomará también el sacerdote del polvo que hubiere en el suelo del tabernáculo, y lo echará en el agua. Y hará el sacerdote estar en pie a la mujer delante de Jehová, y descubrirá la cabeza de la mujer, y pondrá sobre sus manos la ofrenda recordativa, que es la ofrenda de celos; y el sacerdote tendrá en la mano las aguas amargas que acarrean maldición. Y el sacerdote la conjurará y le dirá: Si ninguno ha dormido contigo, y si no te has apartado de tu marido a inmundicia, libre seas de estas aguas amargas que traen maldición; mas si te has descarriado de tu marido y te has amancillado, y ha cohabitado contigo alguno fuera de tu marido (el sacerdote conjurará a la mujer con juramento de maldición, y dirá a la mujer): Jehová te haga maldición y execración en medio de

tu pueblo, haciendo Jehová que tu muslo caiga y que tu vientre se hinche; y estas aguas que dan maldición entren en tus entrañas, y hagan hinchar tu vientre y caer tu muslo. Y la mujer dirá: Amén, amén. El sacerdote escribirá estas maldiciones en un libro, y las borrará con las aguas amargas; y dará a beber a la mujer las aguas amargas que traen maldición; y las aguas que obran maldición entrarán en ella para amargar. Después el sacerdote tomará de la mano de la mujer la ofrenda de los celos, y la mecerá delante de Jehová, y la ofrecerá delante del altar. Y tomará el sacerdote un puñado de la ofrenda en memoria de ella, y lo quemará sobre el altar, y después dará a beber las aguas a la mujer. Le dará, pues, a beber las aguas; y si fuere inmunda y hubiere sido infiel a su marido, las aguas que obran maldición entrarán en ella para amargar, y su vientre se hinchará y caerá su muslo; y la mujer será maldición en medio de su pueblo. Mas si la mujer no fuere inmunda, sino que estuviere limpia, ella será libre, y será fecunda. Esta es la ley de los celos, cuando la mujer cometiere infidelidad contra su marido, y se amancillare; o del marido sobre el cual pasare espíritu de celos, y tuviere celos de su mujer; la presentará entonces delante de Jehová, y el sacerdote ejecutará en ella toda esta ley. El hombre será libre de iniquidad, y la mujer llevará su pecado.

Aprenda la lección de Números 5

Hay cinco cosas que debemos tener en cuenta en este pasaje. *Primero*, debemos ver el significado teológico más amplio de este ritual, ya que parece extraño a primera vista. Puede incluso parecer machista. *Segundo*, debemos observar lo que este ritual nos enseña acerca de la importancia de la pureza sexual para todo el pueblo de Dios. La pureza sexual no es solo una cuestión acerca de uno como individuo. No es solo un asunto en cuanto a usted y su relación con Dios. Es una materia que afecta a la totalidad del pueblo de Dios. *Tercero*, necesitamos ver lo que este ritual nos enseña acerca de las ordenanzas designadas por Dios en las Escrituras, e incluso sobre el bautismo y la Cena del Señor. *Cuarto*, debemos ver lo que este rito nos enseña acerca de la importancia del vínculo matrimonial y cómo se relaciona con nosotros como pueblo de Dios. Y *quinto*, debemos darnos cuenta de lo que este ritual enseña acerca de la obra de Cristo en la cruz.

Permítanme decir todo esto de otra manera para hacerlo más claro: *Uno*, vean el panorama general. *Dos*, consideren por qué es que la pureza sexual es importante para todo el pueblo de Dios. *Tres*, vean este pasaje como la imagen de un juramento. *Cuatro*, consideren lo que este pasaje tiene que decir acerca de la santidad del matrimonio. Y *cinco*, vean lo que tiene que decir acerca de la obra expiatoria de Cristo.

El panorama general

Primero, es importante entender el propósito principal de este texto. Ustedes no tienen que conocer mucho del antiguo Cercano Oriente para saber que el juicio que se describe aquí no es totalmente diferente de las pruebas que se hallan a menudo en otras culturas. En el mundo antiguo, cuando los delitos cometidos no se podían comprobar, se utilizaban las pruebas severas para revelar la culpabilidad o la inocencia de la persona sospechosa del crimen.

Ahora bien, hasta ahí llega la similitud; por otro lado, las diferencias que se hallan en este pasaje apuntan al hecho de que los caminos de Dios son justos y sabios, aun cuando al parecer sean incomprensibles para la mente finita. Por ejemplo, podemos aprender de las leyes mauryas [del primer imperio en India], así como de otros elementos culturales, que en el mundo antiguo se suponía que uno era culpable hasta que demostrara su inocencia. Es más, a menudo se utilizaban pruebas crueles en esas ordalías. Por ejemplo, a las mujeres de las que se sospechaba eran adúlteras se les decía que sumergieran una mano en una olla de agua hirviendo. Si la sacaban ilesa, las consideraban inocentes. A veces, los sospechosos eran obligados a agarrar una barra ardiendo al rojo vivo. Si la soltaban y todavía conservaban la piel en su mano —y no quedaba pegada a la barra—, entonces eran inocentes.

Sin embargo, en Números 5 vemos algo completamente diferente. Observamos cómo toda esa prueba depende de la operación eficaz de la Palabra de Dios. No hay magia aquí. No existen pruebas crueles. En vez de eso esta prueba asume que la Palabra de Dios es eficaz y que puede hurgar aun lo más profundo del corazón.

La Palabra de Dios en este caso es, literalmente, bebida por esa mujer para que el juicio de la Palabra la descubra. Esta prueba, por el contrario, a diferencia de otras ordalías en el antiguo Oriente Medio, era físicamente segura. Es probable que fuese desagradable beber agua con polvo, pero no había nada físicamente perjudicial en cuanto a ingerirlo. Es importante recordar que ese proceso era controlado y público.

No se puede amar a Dios y vivir como un pagano.
Al contrario, se debe amar a Dios y vivir como un discípulo.

De modo que el panorama general es que la versión divina de una ordalía es justa y sabia, aunque pueda parecer extraña a nuestra cultura. Pero la cuestión que aún debe persistir en su mente es: «¿Por qué está este texto aquí?» La respuesta es muy simple, directa y sacada del pasaje: Porque el adulterio contamina y, por lo tanto, contagia al campamento. Si la lepra contamina al campamento, si las hemorragias infectan al campamento, si los cadáveres contaminan al campamento, entonces el adulterio también contamina su campamento. Esa es la forma en que Dios dice que las creencias y el comportamiento van de la mano, que la verdad y la práctica van juntas, y que la fe y la vida van unidas. Ustedes no pueden amar a Dios y vivir como paganos. Al contrario, deben amar a Dios y vivir como discípulos.

Todo este pasaje expone la gran preocupación de Dios por un discipulado constante entre su pueblo; un discipulado congruente en el que el corazón, la profesión y la vida se conecten.

La pureza sexual cuenta
Segundo, este pasaje deja claro que la pureza sexual es importante para todo el pueblo de Dios, incluida su pureza sexual individual y la mía. ¿No es interesante que a este hombre agraviado o que sospecha no se le permita tomar el asunto en sus propias manos, pese a cuál sea la temperatura de su celo? En vez de ello, se ve obligado a acudir al sacerdote. ¿Puede usted oír un eco de eso en la enseñanza en la que Jesús expresara: «Dilo a la iglesia» (ver Mateo 18:15-20)? Además, la Confesión de Westminster, la Confesión Bautista de 1689 y la Confesión de Savoy, en

lo relativo a cuestiones de adulterio y divorcio, enfatizan que los individuos no deben ser dejados a su propia conciencia, sino que deben traer sus inquietudes a la iglesia. Moisés, en Números, enseñaba al pueblo de Dios que la inmoralidad sexual es un asunto espiritual y que afecta a todo el pueblo de Dios. Su inmoralidad sexual individual o incluso sus celos injustificados son una cuestión que afecta a todo el pueblo de Dios.

Aquí pudiera usted preguntarse: «¿Por qué se establece una ley solo por un marido celoso? ¿No es un poco machista?» Tengo tres respuestas para usted. *En primer lugar*, no lo sé. De hecho, ni siquiera sabemos si esta ley —de lo que hemos aprendido del resto del Antiguo Testamento— fue utilizada alguna vez. No hay registro de ello en ningún otro lugar del Antiguo Testamento. Por lo tanto, no sé por qué esa se dio solo para los maridos celosos y no para las esposas celosas.

En segundo lugar, eso no quiere decir que la ley de Dios se incline de modo antojadizo a favor de los maridos, porque las leyes relativas al adulterio se extendían tanto al esposo como a la esposa. Moisés ya había cubierto que el marido y la esposa que cometieran infidelidad estaban bajo pena de muerte. Por lo tanto, no es que Dios exonerara de culpa a los maridos y a las pobres e indefensas mujeres las dejara atadas a la culpa.

En tercer lugar, bien puede haber una lógica aquí que esté diseñada para proteger a una mujer de la que se sospeche injustamente que sea culpable de infidelidad. En otras culturas alrededor del mundo, incluso en la actualidad, si el marido cela a su esposa, ella simplemente desaparece. No se consulta a la autoridad del lugar y el marido toma el asunto en sus propias manos. En este pasaje, al marido no se le permite hacer eso; él debe llevar a la mujer bajo sospecha ante el sacerdote. Por otra parte, si este ejercicio embarazoso llevado a cabo públicamente no puede convencer a un marido de que su esposa es inocente, nada lo hará. Los hombres tienden a ser tentados por los celos intempestivos de una manera que las esposas ni conocen; por lo que Dios, en su sabiduría y su providencia, proveyó una manera segura para que el pueblo de Israel tratara con la tentación insana.

Este texto enseña que la inmoralidad sexual es un asunto espiritual y los celos injustificados motivados por sospecha de inmoralidad sexual son materia espiritual. Y ambos son asuntos que afectan a la totalidad del pueblo de Dios.

Imagen de un juramento

Tercero, tenemos un juramento que maldice a la propia persona que lo emite; un conjuro en el que el individuo invoca imprecaciones, destrucción y juicio sobre sí mismo, según lo representan las acciones de este ritual. Noten en el versículo 17 que la mujer sospechosa debe beber el agua bendita que contiene polvo del suelo del tabernáculo. Es importante recordar que el polvo del suelo del tabernáculo estaba cerca del propiciatorio, que era la expresión visible y tangible de la presencia de Dios con su pueblo. El polvo se desprendía de la tierra sagrada. Pero recuerde también que los destinatarios de los cinco libros de Moisés fueron los hijos de Israel, que tenían en el fondo de sus mentes la historia de una serpiente que una vez tuvo que lamer el polvo. Ellos recordaban a sus propios antepasados, algunos de sus propios padres, aun a algunos de ellos mismos que estaban allí el día en que los hijos de Israel tuvieron que beber el polvo de un becerro de oro. La mujer sospechosa de adulterio debía tener en su cuerpo elementos sagrados que habían estado cerca del arca del testimonio, cosas que servirían como recordatorio del juicio divino.

Según el versículo 18, la sospechosa tenía que sostener en sus manos una ofrenda ante el Señor mientras se administraba el juramento. Puede ser útil recordar que Jesús dijo: «Por tanto, si traes tu ofrenda al altar, y allí te acuerdas de que tu hermano tiene algo contra ti, deja allí tu ofrenda delante del altar, y anda, reconcíliate primero con tu hermano, y entonces ven y presenta tu ofrenda» (Mateo 5:23-24).

El eje de la enseñanza de Jesús es que uno no sea un hipócrita al presentar la ofrenda. Por lo tanto, para esa mujer, el hecho de dar una ofrenda la haría volver a casa: «Si haces esto y eres culpable, eres una hipócrita adorando en la casa de Dios. Que las maldiciones de Dios vengan sobre ti».

Ahora bien, hablando desde un punto de vista pastoral, entiendan que todos los componentes de este ritual le hacen más claro a la mujer la importancia de ser veraz y de arrepentirse, si es culpable. ¡Esta es una muestra de la bondad de Dios! Él sabe que nuestro pecado es engañoso y que se oculta en los rincones más pequeños de nuestro corazón; no quiere revelarse públicamente. Como resultado, Dios elaboró un ritual que perseguiría agresivamente a ese pecado y ofrecería todas las oportunidades para que la persona lo admitiera y necesitara la gracia y el arrepentimiento.

En esencia, lo que tenemos aquí es la imagen de un juramento. Esa mujer está representando una imagen: las palabras maldicientes de Dios. Eso es lo que está en operación, en una dirección positiva, en las ordenanzas del bautismo y la Cena del Señor. Las aguas del bautismo nos recuerdan nuestra unión con Cristo a través de la obra del Espíritu Santo. La Cena del Señor nos recuerda que estamos invitados a deslizar nuestras rodillas debajo de la mesa de Dios y tener comunión con Él, en Cristo solamente. Al igual que en Números 5 tenemos una imagen de una maldición, así en el bautismo y la Cena del Señor tenemos imágenes de la promesa.

Lo santidad del matrimonio

Cuarto, el capítulo 5 de Números nos afirma la santidad del matrimonio. Estas medidas tomadas en público ponen de relieve la importancia de esa institución. También revelan que la fidelidad conyugal es un asunto espiritual que afecta a toda la comunidad así como también a nuestra relación con Dios. La enseñanza de Moisés era que la infidelidad conyugal es incompatible con la pertenencia al pueblo de Dios. El Nuevo Testamento aclara aún más esta idea cuando nos dice que el matrimonio es una imagen del evangelio. Es un reflejo de la unión con Cristo. Es una representación de la relación, obtenida por la gracia, entre Dios y su pueblo, y por lo tanto —por el bien del evangelio— debemos vivir el evangelio en el matrimonio. Es por eso que Pedro les dijo a los maridos que no están tratando con sus esposas de una manera justa: «Sus oraciones serán obstaculizadas», porque el matrimonio es una imagen del evangelio (ver 1 Pedro 3:7).

Y digo esto, sobre todo, a aquellos que son líderes de la iglesia de Dios: ¿Qué arriesga con su matrimonio? ¡El evangelio! Si su relación con su esposa no es correcta —aun cuando usted ame a Cristo, aunque ella ame a Cristo y a ambos les encante servir a su pueblo—, su prioridad tiene que ser arreglar las cosas puesto que es la mayor oportunidad que usted tiene como seguidor del evangelio. Si descuida su matrimonio, no importa qué otra cosa haga dado que este es importante para el evangelio, para el pueblo de Dios y, en especial, para los matrimonios de aquellos a quienes pastorean. Uno de los requerimientos de Pablo para ser anciano es que debe ser hombre de una sola mujer y un buen líder de su hogar (1 Timoteo 3:2-5). Esa lógica se remonta al libro de Números.

No es de extrañar, entonces, que el apóstol Pablo escribiera en 1 Corintios que aquellos que son infieles a sus cónyuges no tienen lugar entre el pueblo de Dios (6:12-20). O que Juan, en el libro de Apocalipsis, nos dijera que no habrá gente inmoral en el reino (Apocalipsis 22:15). Eso, sin embargo, no significa que la infidelidad sexual sea el pecado imperdonable. Lo que sí significa es que es algo absolutamente serio y golpea a la misma esencia del evangelio. Eso significa que la única salida es un arrepentimiento tangible que se exprese en una vida transformada.

La obra de Cristo

Quinto, Números 5 nos señala la obra expiatoria de Cristo. Ningún cristiano puede leer acerca de beber estas maldiciones sin que recuerde a otro que bebió la maldición. Vean los versículos 23-24: «El sacerdote escribirá estas maldiciones en un libro, y las borrará con las aguas amargas; y dará a beber a la mujer las aguas amargas que traen maldición; y las aguas que obran maldición entrarán en ella para amargar». Lucas incluso se fijó en Números 5:1-4 al escribir sobre el leproso, la mujer con hemorragia y la niña muerta. Aun cuando cualquier miembro del pueblo de Dios del Antiguo Testamento le habría dicho a Jesús: «No toques a esa persona, Jesús. Te hará inmundo», Lucas en cambio nos dice que cuando Jesús tocó al leproso, no se convirtió en inmundo; al contrario, fue limpio (Lucas 5:12-16).

Unos capítulos más adelante, en Lucas 8:40-56, Jesús se dirigía a la casa de un líder que no tardaría en perder a una hija, cuando una mujer que sufría de una hemorragia lo tocó. Cada uno de los hebreos que le rodeaban deben haber pensado: *Oh no, ella es inmunda*. Sin embargo, algo extraordinario sucedió, Lucas escribe que Jesús no se hizo inmundo; más bien, la mujer llegó a ser limpia. Unos momentos después, Jesús estuvo ante la presencia de una chica muerta y le dijo: «Muchacha, levántate» (v. 54). A pesar de que Jesús estuvo cerca de un cuerpo muerto, no se contaminó con el espíritu de muerte. Es más, le devolvió la vida a la pequeña. Lucas nos dice que este Señor Jesús es absolutamente extraordinario; que hace limpio lo inmundo.

Justo después de hacer referencia a Números 5 en 1 Corintios 11, el apóstol Pablo escribió: «Asimismo tomó también la copa, después de haber cenado, diciendo: Esta copa es el nuevo pacto en mi sangre; haced esto todas las veces que la bebiereis, en memoria de mí» (1 Corintios 11:25). Entonces Pablo continuó: «Por tanto, pruébese cada uno a sí mismo, y coma así del pan, y beba de la copa. Porque el que come y bebe indignamente, sin discernir el cuerpo del Señor, juicio come y bebe para sí» (1 Corintios 11:28-29). Jesús sabía lo que había en aquella copa y que el Único que podía beberla era Él o los que están en Él por el Espíritu, por la gracia, mediante la fe. Para cualquier otra persona, beber la copa significaba que iba a venir bajo su justa condenación. Pero Él bebió de la copa y la bebió hasta la última gota.

Jesús luchó en el huerto de Getsemaní respecto de esto: «Padre mío, si es posible, pase de mí esta copa» (Mateo 26:39). Habló de esa manera porque sabía lo que había en la copa. Igual que como los sacerdotes cuando escribieron las palabras maldicientes, que las echaron en el agua y le dieron el agua a la mujer, ¿puede ver lo que su Salvador estaba haciendo por usted en la cruz? Estaba bebiendo la copa de usted. Al igual que esos buenos hebreos que lo vieron acercarse a tocar al leproso, a la mujer con hemorragia y a la niña muerta, todos le estamos diciendo: «Señor Dios, no bebas de mi copa. No te contamines con mi juicio, mi condena. Mis pecados están escritos en esa página. No introduzcas eso en tu cuerpo».

Pero aun así Él bebe de la copa y la bebe hasta la última gota por los de toda tribu, lengua, pueblo y nación, hombres y mujeres, y niños y niñas, todos los que confían en Él. Al tomar la copa y derramar su sangre, te limpió. ¡Aleluya! ¡Qué Salvador! Dirijan a su gente a encontrar su pureza solamente en Cristo, revistiéndose de su justicia. Y condúzcanlos a vivir en la práctica lo que son posicionalmente, puesto que la impureza afecta a todo el campamento.

ORACIÓN

Señor y Dios nuestro, creemos que tu Palabra es inspirada, aun cuando en algunas ocasiones dudamos. Llegamos a pasajes como este y creemos que la luz del evangelio no puede brotar de ellos. Ah, cómo nos encanta cuando nos demuestras que estamos equivocados. Te damos gracias por lo glorioso de este texto, por la manera en que apunta a la exigencia de la vida cristiana y, sobre todo, cómo apunta hacia nuestro Salvador. Él tomó de la copa del juicio y la maldición en nuestro lugar para que nosotros fuésemos hechos justicia de Dios en Él. Nadie nos puede arrebatar de sus manos. Ciertamente guíanos, oh tú, nuestro gran Jehová. En el nombre de Jesús, amén.

Santificado sea tu nombre:

El líder de rodillas

«Porque todo aquel que pide, recibe; y el que busca, halla;
y al que llama, se le abrirá».

Lucas 11:10

3

Santificado sea tu nombre: El líder de rodillas

Tom Pennington
Lucas 11:1-13

Nada es para nosotros más natural que respirar. Desde la primera palmadita del doctor, es algo involuntario. Mientras lee esto, usted está respirando entre doce y quince veces por minuto; además, hoy respirará unas veinte mil veces. Podemos variar la frecuencia de nuestra respiración. Incluso podemos dejar de respirar por un poco de tiempo, pero es imposible que dejemos de respirar por completo voluntariamente. Si no inhalamos, el dióxido de carbono se acumula en nuestra sangre y experimentamos lo que los científicos llaman una «falta de aire abrumadora».

Este reflejo es esencial para la vida humana. Sin respiración, los niveles de oxígeno del cuerpo descienden peligrosamente en un corto período de tiempo. En unos tres a seis minutos el cerebro es dañado irreversiblemente y, minutos más tarde, viene la muerte. Usted puede vivir por semanas sin alimento. Puede vivir por días sin agua. Pero solo puede vivir unos minutos sin oxígeno.

La respiración es tan crucial para la vida que se constituye en símbolo de la vida misma. Esa es la razón por la que la declaración del puritano inglés Tomás Watson es tan impresionante y cautivadora: «La oración es la respiración del alma».[1] La respiración es al cuerpo lo que la oración es al alma. No podemos, en lo absoluto, sobrevivir sin ella. Juan Calvino se refirió a la oración como el alma de la fe. Así como el cuerpo muere cuando el alma se va, la fe misma muere cuando la oración desaparece.

A pesar de lo importante que es la oración y lo que entendemos de ella, es sorprendente que oremos tan poco. Es como el ejercicio, todos sabemos que es importante pero, para muchos de nosotros, el esfuerzo más grande cada día es dominar la cuchara que entra en el recipiente de medio galón de helado.

Un censo impresionante

Hace casi treinta años, diecisiete mil cristianos asistieron a una conferencia patrocinada por una de las grandes denominaciones. Mientras estaban allí, respondieron una encuesta acerca de sus hábitos y sus actividades espirituales. Hasta lo que sé, se mantiene como la encuesta más grande de su tipo. A unos diecisiete mil cristianos evangélicos se les preguntó acerca de cuánto tiempo dedicaban a la oración diariamente. Ellos informaron que oraban, en promedio, menos de cinco minutos al día. En la misma conferencia había dos mil pastores con sus esposas y se les hizo la misma pregunta. En promedio, dos mil pastores evangélicos y sus esposas reportaron que oraban menos de siete minutos al día.[2]

Parece que la oración se ha convertido, en realidad, en el deber más descuidado del pastor. Por desdicha, es poco probable que esos números hayan cambiado en los años subsiguientes. De hecho, creo que en la superficial cultura cristiana de hoy enfocada en el hombre, la situación tal vez sea mucho peor. Lo que hace que esas estadísticas sean tan trágicas es que la Escritura nos dice que el Dios vivo y verdadero realmente escucha las oraciones de su pueblo. El Salmo 34:17 dice: «Claman los justos, y Jehová oye, y los libra de todas sus angustias». Debido a esa realidad espiritual, el corazón del justo siempre ha latido con pasión por hablar con Dios.

La bendición de la oración

Antes de la caída, Adán y Eva caminaban y hablaban con el segundo miembro de la Trinidad en el huerto del Edén. La primera referencia a la oración, como sabemos, está en Génesis capítulo 4. Allí leemos que en el linaje piadoso de Set, «los hombres comenzaron a invocar el nombre de Jehová» (v. 26). Desde ese momento en adelante, la oración permea las páginas del Antiguo Testamento. En el Nuevo, la oración sigue siendo fundamental para la relación del hombre con Dios. La devoción por la oración fue el patrón congruente de la iglesia primitiva. De acuerdo a Hechos 2:42, los creyentes «perseveraban en la doctrina de los apóstoles, en la comunión unos con otros, en el partimiento del pan y en las oraciones».

La oración fue también la gran prioridad del apóstol Pablo. Usted está familiarizado con las muchas veces que él se refiere a sus oraciones. La Primera Epístola a los Tesalonicenses (3:10) dice que estaban «orando de noche y de día con gran insistencia». La Segunda Epístola a Timoteo (1:3) afirma que «sin cesar me acuerdo de ti en mis oraciones noche y día».

Nada es más fundamental para la salud de
nuestra fe cristiana que la oración.

A través de la historia de la iglesia, muchos hombres piadosos se han unido a este coro que enfatiza la importancia de la oración. Agustín escribió: «La oración protege a las almas santas… es la preservadora de la salud espiritual[3]… la columna de todas las virtudes, una escalera a Dios…[y] el fundamento de la fe».[4] Martín Lutero afirmó: «Así como el negocio del sastre es hacer ropa y el de los zapateros es remendar zapatos, el negocio de los cristianos es orar».[5] En su libro *Institución de la religión cristiana*, Juan Calvino llama a la oración «el ejercicio principal de la fe por medio del cual recibimos diariamente los beneficios de Dios».[6]

Razones por las que no oramos

Nada es más fundamental para la salud de nuestra propia fe cristiana que la oración. Todos decimos que lo creemos y lo afirmamos. Entonces la pregunta es: ¿Por qué no oramos? ¿Cuáles son las razones que damos para no orar? Realmente hay una sola razón que casi siempre ofrecemos y es que no tenemos tiempo. «Me gustaría orar más, pero estoy demasiado ocupado» es la excusa común. Pero debemos despojarnos de esa excusa por un momento y recordar con sinceridad que esa no es la razón por la que no oramos. Estar ocupado es solo una excusa, un débil intento de justificar nuestra falta de obediencia a la clara voluntad de Dios. ¿Cuáles son las verdaderas razones por las que no oramos? Permítame darle algunas a considerar. *Una razón por la que no oramos es por falta de humildad.* Como pecadores caídos, somos por naturaleza muy independientes. Pero la independencia no es un reflejo de madurez espiritual ni es el camino a la misma. La madurez espiritual está marcada por creer lo que nuestro Señor nos enseñó en Juan 15: que aparte de Él no podemos hacer nada. En 1 Pedro 5, este apóstol nos llamó a humillarnos bajo la poderosa mano de Dios, para aceptar su providencia en nuestras vidas (vv. 6-7). Esa humildad se expresa cuando echamos toda nuestra ansiedad sobre Él, porque Él tiene cuidado de nosotros. Cuando estamos verdaderamente humillados delante de Dios, reconocemos nuestra necesidad de Él y vamos a orar. De hecho, la medida más clara de nuestro orgullo es nuestra negligencia para orar.

Una segunda razón por la que no oramos es por falta de fe. Muchas veces no oramos porque, francamente, no hemos visto resultados cuando hemos orado. Sin embargo, los resultados pasados no justifican nuestra falta de esfuerzos futuros. Este es un problema mayor de lo que estamos dispuestos a admitir. Aunque nunca diríamos que la oración no da resultado, si realmente creyéramos que van a haber efectos claros, visibles y comprobables dentro de los primeros cinco minutos después de orar, entonces nos convertiríamos en guerreros de oración. A menudo, todo se reduce a nuestra duda en cuanto a si algo va a suceder cuando oramos. Este cuadro mental significa que nada pasará porque, como escribió Santiago, «pida con fe, no dudando nada; porque el que duda es semejante a la onda del mar, que es arrastrada por el viento y echada de una parte a otra. No piense, pues, quien tal haga, que recibirá cosa alguna del Señor» (Santiago 1:6-7).

Una tercera razón por la que no oramos es por falta de obediencia. Se nos manda a orar. Romanos 12:12 afirma: Sean «constantes en la oración». Colosenses 4:2: «Perseverad en la oración». En 1 Tesalonicenses 5:17: «Orad sin cesar». La oración debe ser el constante patrón diario de nuestras vidas. Así que seamos sinceros con nosotros mismos y con las Escrituras, y reconozcamos que si no estamos dedicados personalmente a la oración, es pecado. Hay que obedecer a nuestro Señor y debemos dedicarnos a la oración.

Crezca en la oración

La cuestión clave que se plantea es, ¿cómo podemos crecer en nuestra comprensión y práctica de esta disciplina? En ninguna parte aprendemos más sobre cómo orar que en lo que tradicionalmente se llama el Padre Nuestro. Dos versiones del Padre Nuestro han sido conservadas para nosotros por inspiración divina. Una de ellas está en Mateo 6:9-13 y la otra en Lucas 11:1-4. Ahora, estos no son pasajes paralelos. En la armonización de los evangelios, descubrimos que Jesús probablemente predicó el Sermón del Monte —registrado en Mateo 6— en el verano del año 29 d.C. o en el verano antes de su crucifixión si se sostiene una fecha diferente de su muerte. Unos meses más tarde, probablemente en el otoño de ese mismo año, Jesús enseñó sobre Lucas 11. Esta oración, entonces, es una que Jesús repitió al menos en dos ocasiones, y es probable que la utilizara unas cuantas veces más a lo largo de su ministerio como un patrón para las oraciones de sus discípulos.

La versión de Lucas acerca del Padre Nuestro es extremadamente profunda para nosotros debido a las circunstancias en Lucas 11:1-13. En el versículo 1, un discípulo solicita instrucciones en cuanto a la oración, lo cual es seguido por el Padre Nuestro en los versículos 2 al 4. Nuestro Señor nos da entonces un patrón para la oración. Los versículos 5 al 8 registran la parábola del amigo reacio, una alegoría acerca de la buena disposición de Dios para escuchar nuestras oraciones. En los versículos 9 y 10, nuestro Señor nos da la afirmación directa de que Dios escucha y contesta la oración: «Pedid, y se os dará; buscad, y hallaréis; llamad, y se os abrirá. Porque todo aquel que pide, recibe; y el que busca, halla; y al que llama, se le abrirá». En los versículos 11-13, Jesús termina esta lección sobre la oración dándonos una ilustración tomada de la vida familiar, lo que muestra que Dios es aun más sensible a las peticiones de sus hijos que los padres humanos.

Note los primeros cuatro versículos de Lucas 11:

Aconteció que estaba Jesús orando en un lugar, y cuando terminó, uno de sus discípulos le dijo: Señor, enséñanos a orar, como también Juan enseñó a sus discípulos. Y les dijo: Cuando oréis, decid: Padre nuestro que estás en los cielos, santificado sea tu nombre. Venga tu reino. Hágase tu voluntad, como en el cielo, así también en la tierra. El pan nuestro de cada día, dánoslo hoy. Y perdónanos nuestros pecados, porque también nosotros perdonamos a todos los que nos deben. Y no nos metas en tentación, mas líbranos del mal.

Quiero centrarme principalmente en el versículo 1 porque mueve el centro de atención hacia el ejemplo de oración particular de Jesús. Y muestra el impacto que el ejemplo de oración de Jesús tenía sobre los discípulos, así como también el impacto que debe tener en nosotros. Al observar el ejemplo de Jesús, aprendemos tres lecciones cruciales sobre nuestra propia vida de oración.

La oración requiere compromiso

La primera lección es que la oración es una prioridad espiritual que requiere un gran compromiso. En el versículo 1 leemos: «Aconteció que estaba Jesús orando en un lugar...» El vocablo que Lucas usa aquí para «orando» es la palabra griega que esperamos. Es parte de la familia de palabras que el Nuevo Testamento utiliza más frecuentemente para la oración. En el griego secular, esta palabra significaba simplemente hablar con una deidad. En la Escritura, es utilizada en cuanto al acercamiento del hombre a Dios. La oración es, como Calvino la define, una «conversación con Dios».[7]

Aquí, nuestro Señor habla con Dios. En ninguna otra parte presenciamos en forma directa la importancia y la prioridad de la oración como en la vida de nuestro Señor. El escritor de Hebreos declaró: «Y Cristo, en los días de su carne, ofreciendo ruegos y súplicas con gran clamor y lágrimas al que le podía librar de la muerte, fue oído a causa de su temor reverente» (5:7). Ahora, es tentador pensar que Jesús pasaba tiempo en oración, puesto que extrañaba la comunión que siempre había disfrutado con el Padre, pero eso no pasa la prueba teológica. La naturaleza divina de Jesús no cambió cuando adoptó la humanidad. A pesar de que su naturaleza humana estaba unida a un cuerpo y podía estar en un solo lugar a la vez, su naturaleza divina continuó llenando el universo. La comunión que el Hijo había disfrutado con el Padre desde toda la eternidad continuó toda su vida terrenal, excepto en esas horas oscuras en la cruz. Esto es fundamental para que captemos cuán prioritaria es la oración; la vida de oración de Jesús era un reflejo de su naturaleza humana, no de su naturaleza divina. Fue como el hombre perfecto llevando la vida que usted y yo debemos vivir, por lo que Él oraba.

Y lo hacía a menudo. De hecho, nueve veces en este evangelio, Lucas cuenta que Jesús oraba. Se nos dice que Jesús comenzó su ministerio público con la oración: «Aconteció que cuando todo el pueblo se bautizaba, también Jesús fue bautizado; y orando, el cielo se abrió, y descendió el Espíritu Santo sobre él en forma corporal, como paloma, y vino una voz del cielo que decía: Tú eres mi Hijo amado; en ti tengo complacencia» (Lucas 3:21-22). El ministerio público de Jesús, que se inició en su bautismo, empezó con oración.

Lucas escribió que se trataba de una práctica normal de Jesús. Por ejemplo Lucas 5:16 indica que «Jesús mismo se apartaba a menudo hacia el desierto y oraba». Literalmente, el texto dice: «Mas él se apartaba a lugares desiertos, y oraba». Lucas intentaba enfatizar el hecho de que se trataba de un patrón coherente en la vida de Jesús. También aprendemos que Jesús oró toda la noche antes de tomar una decisión estratégica. Por ejemplo, oró antes de escoger a los doce: «En aquellos días él fue al monte a orar, y pasó la noche orando a Dios. Y cuando era de día, llamó a sus discípulos, y escogió a doce de ellos» (Lucas 6:12-13). La elección de los doce surgió de una noche de oración.

Según Lucas, fue mientras Jesús estaba orando que se transfiguró delante de los discípulos. Lucas 9:28-29 afirma: «Aconteció como ocho días después de estas palabras, que tomó a Pedro, a Juan y a Jacobo, y subió al monte a orar. Y entre tanto que oraba, la apariencia de su rostro se hizo otra, y su vestido blanco y resplandeciente». El Padre decidió revelar su gloria mientras Jesús estaba orando. En Lucas 22:39 encontramos a Jesús en Getsemaní orando: «Y saliendo» —es decir, fuera del aposento alto— «se fue, como solía, al monte de los Olivos; y sus discípulos también le siguieron… Y él se apartó de ellos a distancia como de un tiro de piedra; y puesto de rodillas oró» (22:41). Incluso murió orando: «Padre, en tus manos encomiendo mi espíritu. Y habiendo dicho esto, expiró» (23:46). Las últimas palabras de Jesús fueron una oración de confianza.

Ahora bien, el Evangelio de Marcos nos da una perspectiva adicional. Marcos deja claro que un día típico de Jesús estaba lleno de oración. En Marcos 1:35 descubrimos que Jesús oraba temprano por la mañana. Esa era su práctica: «Levantándose muy de mañana, siendo aún muy oscuro, salió y se fue a un lugar desierto, y allí oraba». Lo que hace esto verdaderamente notable es que sucedió en domingo, después de un día de reposo muy ocupado. Observe en los versículos 21 y 22 que Jesús había comenzado su día enseñando en la sinagoga de Capernaum. Mientras estaba allí, echó fuera un demonio de un hombre (vv. 23-28). Volvió a la casa de Pedro y allí sanó a la suegra de Pedro (vv. 29-31). Todo eso ocurrió antes del mediodía, pero el día no había terminado para Jesús. De hecho, durante la noche, cuando el día de reposo había terminado, la ciudad entera se presentó fuera de la casa de Pedro (v. 33). Este pasaje enfatiza el interés particular de Jesús en los individuos; uno por uno, los sanó y los liberó de los demonios. Sin lugar a dudas, eso se prolongó hasta altas horas de la noche.

A la mañana siguiente, el domingo, después de ese largo día y esa noche de ministerio, Jesús se levantó a orar cuando todavía estaba oscuro. Eso en cuanto a la excusa que no tenemos tiempo. Jesús «salió y se fue a un lugar desierto» (v. 35). Él se salió de la casa de Pedro estratégicamente, salió de la ciudad de Capernaum en silencio, y encontró un lugar tranquilo, aislado, con el fin de tener un tiempo prolongado de oración.

No solo oraba Jesús por la mañana, también oraba por la noche después de un largo día de trabajo. En Marcos 6:45-48 leemos:

En seguida hizo a sus discípulos entrar en la barca e ir delante de él a Betsaida, en la otra ribera, entre tanto que él despedía a la multitud. Y después que los hubo despedido, se fue al monte a orar; y al venir la noche, la barca estaba en medio del mar, y él solo en tierra. Y viéndoles remar con gran fatiga, porque el viento les era contrario, cerca de la cuarta vigilia de la noche vino a ellos andando sobre el mar, y quería adelantárseles.

De nuevo lo que hace esto notable es lo que había ocurrido ese mismo día. El tiempo de oración de Jesús se produjo al final de un largo día, durante el cual una multitud de más de quince mil personas lo había localizado. La compasión de Jesús lo llevó a sanar a los enfermos y, de acuerdo a Marco 6:34, les enseñó muchas cosas. Ya avanzada la tarde, en el mismo día, había alimentado milagrosamente a esta multitud de cinco mil hombres, lo que probablemente signifique más de quince mil personas en total. Fue después de un día de intenso ministerio que Jesús pasó tiempo en oración.

El ejemplo de Jesús demuestra que después de la Palabra de Dios, la oración era su deber más importante.

Además, Jesús aclaró que espera que nosotros, como discípulos suyos, también oremos. En Lucas 11:2 nuestro Señor dijo: «Cuando oréis». En Mateo 6:5-7, usó la misma frase dos veces: «Cuando ores». Fue la primera vez que utilizó un pronombre plural. Es como si dijera: «Cuando ustedes —esto es, *todos* mis discípulos— oren, y espero que lo hagan».

Pero más que esperar que oráramos —a través de todo el Nuevo Testamento—, nos lo ordenó. Lea Efesios 6:18: «Orando en todo tiempo con toda oración y súplica en el Espíritu, y velando en ello con toda perseverancia y súplica por todos los santos». En Colosenses 4:2 se nos dice: «Perseverad en la oración». La vida cristiana no es solo acerca de los indicativos del evangelio, sino que como resultado de nuestra justificación, también hay imperativos que debemos obedecer. Orar es uno de esos imperativos espirituales, un mandato de nuestro Señor mismo.

Las prioridades de Jesús y las de sus apóstoles
deben ser nuestras prioridades también.

No importa lo ocupados que estemos, no hay absolutamente ninguna excusa para no orar. Las dos prioridades apremiantes en el ministerio de Jesús fueron la Palabra de Dios y la oración. Los apóstoles, como nosotros, pudieron haber sido bastante torpes, pero al final lograron entender eso. En Hechos 6:4, usted lee que los apóstoles en la iglesia de Jerusalén se dedicaban a la oración y al ministerio de la Palabra. Las prioridades de Jesús y las de sus apóstoles deben ser nuestras prioridades también.

La oración es necesaria para un ministerio efectivo

La oración es esencial para todos los cristianos, pero es aún más vital para nosotros, que somos los líderes de su iglesia, ya que es el fundamento de todo ministerio. Usted ve eso en el apóstol Pablo, específicamente en sus oraciones, porque eran el fundamento del ministerio eficaz que él disfrutó. El ministerio de Pablo existió porque Dios respondía sus oraciones.

También vemos esto en los ejemplos de otros líderes cristianos en la iglesia, en concreto el ejemplo de Epafras, que era un líder de la iglesia en Colosas. Cuando Pablo se dirigió a los colosenses, escribió: «Os saluda Epafras, el cual es uno de vosotros, siervo de Cristo, siempre rogando encarecidamente por vosotros en sus oraciones, para que estéis firmes, perfectos y completos en todo lo que Dios quiere» (4:12). John Owen, el gran puritano inglés, dijo: «Aquel que intercede más en el púlpito —por su pueblo—, que en la intimidad de su hogar, no es más que un triste vigilante».[8] Jonathan Edwards escribió acerca de David Brainerd: «Su historia nos muestra el camino correcto hacia el éxito en la obra del ministerio… Cómo trabajó, siempre con fervor… orando día y noche, luchando con Dios en secreto… hasta que Cristo [fuera] formado en los corazones de las personas a las que fue enviado».[9] La oración es un imperativo espiritual.

La oración es necesaria para la predicación eficaz

La oración es también esencial para la predicación eficaz. El apóstol Pablo entendió esto y pidió a los efesios que: «[orando] por mí, a fin de que al abrir mi boca me sea dada palabra para dar a conocer con denuedo el misterio del evangelio» (Efesios 6:19). Agustín escribió: «Un predicador debe trabajar para ser oído con entendimiento, con buena voluntad y con obediencia. Que no tenga la menor duda de que va a afectar eso con oraciones fervientes más que con todo el poder de su oratoria».[10] Richard Baxter afirmó: «La oración debe llevar a cabo nuestro trabajo, así como nuestra predicación. Porque el que no ora por su pueblo no le predicará con poder».[11]

La oración es necesaria para la batalla contra la tentación

Es también a través de la oración que ganamos la batalla personal contra la tentación y el pecado. En Lucas 22:39-46, nuestro Señor conectó la oración con el poder para vencer la tentación. «Orad para que no entréis en tentación». Al comentar sobre la petición final del Padre Nuestro, Juan Calvino escribió: «De esta petición podemos concluir que no tenemos fuerza para vivir una vida santa, excepto en la medida en que la obtengamos de Dios. El que implora la ayuda de Dios para vencer las tentaciones reconoce que a menos que Dios lo libere, caerá constantemente».[12] J. C. Ryle declaró: «¿Cuál es la razón por la que algunos creyentes son mucho más brillantes y más santos que otros? Creo que la diferencia, en diecinueve de cada veinte casos, surge de diversos hábitos acerca de la oración privada. Yo creo que los que no son eminentemente santos oran *poco*, y los que son eminentemente santos oran *mucho*».[13] Luce simplista decir que nuestras luchas espirituales son resultado de descuidar las Escrituras o la oración. Pero cuando las personas vienen a la oficina pastoral buscando consejo, nueve de cada diez veces han sido inconsecuentes en la oración privada, en la Palabra o en ambas cosas. Si está perdiendo en su lucha con un hábito pecaminoso, es probable que sea porque está descuidando uno o ambos de los medios básicos a través de los que Dios nos extiende su gracia, los cuales son: su Palabra y la oración. John Owen, en su obra clásica sobre el pecado y la tentación, aclara este punto:

> Un hombre encuentra [que] cualquier deseo… es poderoso, fuerte, causa tumulto, cautiva, fastidia, inquieta, quita la paz; cree que no es capaz de soportarlo; por lo tanto, se prepara contra eso, ora contra eso, gime bajo el peso de ello, suspira deseando ser liberado pero, entre tanto, puede que en otras funciones —en comunión constante con Dios mediante la lectura, la oración y la meditación— sea flojo y negligente. Que tal hombre no piense que alguna vez logrará mortificar al deseo que le perturba… ¿Cree usted que Él lo aliviará de aquello que lo turba, para que pueda ser libre de hacer aquello no menos doloroso para Dios? No. Dios dice: «Esto es lo que debe hacer: si pudiera librarse de ese deseo, nunca más debería escuchar de él; por tanto, deja que luche con eso o se perderá». Que ningún hombre considere hacer su propio trabajo si no piensa hacer el de Dios. La obra de Dios consiste en la obediencia universal;

ser liberado de la presente incertidumbre es cosa de ellos solamente… La furia y el predominio de un deseo en particular es comúnmente fruto de un curso descuidado y negligente en general.[14]

A medida que los discípulos observaban la vida de Jesús, lo veían orar. En Lucas 11:1 se ve claro que ellos llegaron a la conclusión de que la oración era una prioridad espiritual en la vida de Jesús y, por lo tanto, debería serlo también en sus propias vidas. Sin la oración, el crecimiento espiritual es imposible y el ministerio será totalmente ineficaz.

Lecciones sobre la oración
La oración requiere un tiempo determinado
La primera lección que aprendemos del ejemplo de Jesús es que la oración es una prioridad espiritual que requiere un gran compromiso. Si eso es cierto, ¿por qué descuidamos este deber con tanta frecuencia? Creo que podemos ver por qué, en la segunda lección que aprendemos de Lucas 11:1, la oración es una práctica intencional que requiere un tiempo determinado.

Note otra vez el versículo 1: «Aconteció que estaba Jesús orando en un lugar, y cuando terminó». La implicación clara de esta afirmación es que los discípulos vieron a Jesús orando, vieron la prioridad de su vida y tuvieron que esperar hasta que terminara de orar. En otras palabras, Jesús dedicó tiempo a la oración. En otros lugares, los autores de los evangelios nos dicen que nuestro Señor pasaba un tiempo considerable en oración. A menudo se retiraba a un lugar solitario para orar, y eso no habría sido lógico si su intención era pasar un corto tiempo en la oración. Se nos dice que al menos en dos ocasiones, Jesús oró toda la noche.

Podemos obtener una mayor comprensión de la vida de oración de nuestro Señor al ver lo ocurrido durante la semana de la pasión. El jueves por la noche antes de su crucifixión, Jesús y sus discípulos se reunieron en el aposento alto para celebrar la Pascua. En Lucas 22, vemos que Jesús oró por Pedro, para que su fe no faltara. Por supuesto, al reunirse para celebrar la fiesta tradicional de la Pascua, Jesús —como anfitrión—, habría ofrecido una serie de oraciones. Además de ello, inició la cena del Señor y dio gracias tanto por el pan como por la copa. Cuando la cena terminó, Jesús pronunció lo que es la oración más larga registrada de Él en las Escrituras; aparece en Juan 17 y a menudo se llama su oración sacerdotal.

Después, Jesús y los discípulos salieron del aposento alto y fueron a Getsemaní, donde oró otra vez, en tres ocasiones. Jesús oró por tanto tiempo que Pedro, Jacobo y Juan se durmieron. Es probable que orara al menos una hora, tal vez hasta dos. Nuestro Señor ofreció todas esas oraciones en una sola noche, entre el atardecer y la medianoche. Claramente, dedicó un tiempo determinado e intencionado a la oración. Sin embargo, tenemos la tentación de utilizar las palabras de Pablo; «Orad sin cesar» (1 Tesalonicenses 5:17) para justificar nuestra falta de tiempo dedicado a la oración. Así es como tranquilizamos nuestras conciencias. Es cierto que nuestra vida es para ser vivida en un espíritu de oración, pero el mismo apóstol que escribió «Orad sin cesar», también afirmó: «Perseverad en la oración» (Colosenses 4:2). La oración requiere tiempo determinado e intencionado.

Pero, ¿por qué no es la oración la práctica habitual de nuestras vidas? A nivel práctico, una de las razones es que, sencillamente, no tenemos tiempo sin distracciones. La persona promedio es interrumpida por su teléfono inteligente, por las llamadas telefónicas, los mensajes de texto y las actualizaciones del Facebook cada tres minutos. De acuerdo a la «Investigación de los Medios», por Nielsen (*Nielsen Media Research*), la persona promedio en Estados Unidos pasa cinco horas al día viendo películas y otra hora en Internet. Si usted está entre las edades de 18 y 34, gasta casi tres horas al día jugando videojuegos.[15] Aunque debemos orar, estamos constantemente distraídos por nuestros instrumentos y juguetes electrónicos. Apague la televisión, apague la consola de juegos, silencie el teléfono inteligente, apague el computador y, en forma deliberada e intencionalmente, preséntese a Dios a solas en oración, como lo hacía nuestro Señor.

En Hechos 6:2-4 se hace evidente uno de los enemigos más sutiles de la oración, allí leemos sobre el problema de la alimentación de las viudas en la iglesia. Los doce convocaron a la multitud de los discípulos y les dijeron: «No es justo que nosotros dejemos la palabra de Dios, para servir a las mesas. Buscad, pues, hermanos, de entre vosotros a siete varones de buen testimonio, llenos del Espíritu y de sabiduría, a quienes encarguemos de este trabajo. Y nosotros persistiremos en la oración y en el ministerio de la palabra». El ministerio mismo y las necesidades legítimas de las personas amenazaban con destruir la dedicación de los apóstoles a la Palabra de Dios y a la oración. Lo mismo es cierto para nosotros. Lo bueno a menudo es enemigo de lo mejor, por lo que el ajetreo del ministerio puede destruir nuestra dedicación a la Palabra de Dios y a la oración. Al igual que los apóstoles, no debemos permitir que los afanes del ministerio eclipsen la oración. En vez de eso, busque personas capacitadas que puedan acudir a su lado y lo liberen para que se consagre a la Palabra de Dios y a la oración.

A lo largo de la Escritura nos encontramos con otros que cada día reservaban tiempo deliberadamente para la oración. David, en el Salmo 55:17, escribió: «Tarde y mañana y a mediodía oraré y clamaré, y él oirá mi voz». De acuerdo a Daniel 6:10, a pesar de que este sabía sobre el decreto que prohibía la adoración, continuó arrodillándose tres veces al día, orando y dándole gracias a su Dios, como lo había hecho siempre. En Hechos 3:1, leemos que Pedro y Juan subían al templo a la hora novena, la hora de la oración. En Hechos 10:9, vemos que Pedro subió a la azotea a la hora sexta, o mediodía, para orar. Había un patrón diario, intencionado para las oraciones de esas personas.

El barbero de Martín Lutero, Pedro Beskendorf, le preguntó una vez a Lutero acerca de la oración. Este le escribió una respuesta de cuarenta páginas. Parte de cuya respuesta dice:

> Un peluquero bueno e inteligente debe tener sus pensamientos, mente y ojos enfocados en la navaja de afeitar y en la barba; y no olvidar por dónde va en su trazo y su afeitado. Si sigue hablando, mirando alrededor o pensando en otra cosa, es probable que le corte la boca o la nariz al cliente, e incluso la garganta. Así que cualquier cosa que se vaya a hacer bien debe ocupar al hombre en su totalidad, con todas sus facultades y sus miembros. Como dice el dicho: el que piensa en muchas cosas no piensa en nada y no lleva a cabo ningún bien. ¿Cuánto más debe cautivar el orar al corazón absoluta y exclusivamente si ha de ser una buena oración?... Es bueno dejar que la oración

sea lo primero en la mañana y lo último por la noche. Protéjase a sí mismo contra esos pensamientos falsos y engañosos que se mantienen susurrando: Espera un poco de tiempo. En una hora o algo así voy a orar, primero debo terminar esto o aquello. Al pensar así nos alejamos de la oración y nos enfocamos en otras cosas que nos distraerán hasta que la oración de ese día se olvide.[16]

La principal diferencia entre los que oran y los que no lo hacen es que los primeros *planifican* orar. Calvino incluyó una sección completa, en su obra *Institución de la religión cristiana,* titulada: «La oración a cualquier hora», en la que sugirió un patrón diario de oración: Cuando usted se levante, cuando inicie su trabajo, antes de las comidas y al final del día.[17] Hemos aprendido de la vida de nuestro Señor que la oración era una práctica intencionada para la cual separaba un tiempo deliberadamente. Si le era tan importante apartar tiempo para orar durante un ministerio de solo tres años y medio, ¡cuánto más lo es para nosotros! Su ministerio fue mucho más exigente que el nuestro y, sin embargo, apartaba tiempo para orar. Que nunca más insultemos a nuestro Señor diciéndole que la razón por la que no oramos es porque no tenemos suficiente tiempo. El ejemplo de Jesús nos enseña que la oración es una prioridad espiritual que requiere un gran compromiso y que la oración es una práctica intencionada que demanda de manera deliberada que se aparte un tiempo para ello.

La oración requiere instrucción cuidadosa

La tercera lección que aprendemos de Lucas 11:1 es que la oración es una habilidad que requiere una instrucción cuidadosa. «Aconteció que estaba Jesús orando en un lugar, y cuando terminó, uno de sus discípulos le dijo: Señor, enséñanos a orar, como también Juan enseñó a sus discípulos». Uno de los doce — aquí no se nos dice cuál— le hace esta petición específica: «Señor, enséñanos a orar». «Enséñanos» aquí se traduce de un verbo griego muy común que se refiere a la instrucción oral. Los discípulos entendían la oración básicamente, ya que habían leído el Antiguo Testamento y los ejemplos de oración que aparecen allí. Ellos crecieron en hogares judíos en los que se oía orar; ellos mismos oraban en alguna instancia. Para el tiempo en que ese incidente ocurre en Lucas 11, ellos habían vivido con Jesucristo día y noche por más de un año. Sin duda, le habían oído orar antes muchas veces. Y solo unos meses previos —en el verano de ese año— Jesús les había enseñado cómo orar cuando impartió el Sermón del Monte. Pero todavía no dominaban esa habilidad. En cierto sentido, la oración es simplemente el grito natural de un niño a su Padre, pero la oración madura no es algo natural. Es una habilidad que debe ser enseñada y aprendida. Los discípulos sabían que sus oraciones todavía necesitaban ayuda; ellos no eran los únicos que reconocían su insuficiencia en esa área. Por eso le dijeron: «Enséñanos a orar, como también Juan [el Bautista] enseñó a sus discípulos». No tenemos registro de las oraciones de Juan o de su enseñanza acerca de la oración, pero es evidente que era parte esencial de su ministerio. De hecho, en Lucas 5:33, los fariseos le dijeron a Jesús: «Los discípulos de Juan ayunan muchas veces y hacen oraciones». Los discípulos de Juan necesitaban que se les enseñara cómo orar, así como los apóstoles le pidieron a Jesús que les enseñara a orar.

Este punto debe ser muy reconfortante. Nosotros no somos los únicos que necesitamos ayuda con la oración. En lo que respecta a aprender a orar, estamos en la fila detrás de los discípulos de Juan y detrás de los apóstoles. También vemos aquí que la oración es una habilidad que podemos adquirir con la instrucción correcta. Por supuesto, el mejor para enseñarnos a orar es el propio Jesús. Lo verdaderamente asombroso es que, por la gracia de Dios, tenemos un registro inspirado de la manera en que nuestro Señor enseñó a sus discípulos a orar. La respuesta a la solicitud del versículo 1 se encuentra en el versículo 2: «Él les dijo: Cuando oréis, decid...» y, por supuesto, lo que sigue es el Padre Nuestro. Jesús expuso la versión más completa de esta oración unos meses antes, cuando predicó el Sermón del Monte.

En Mateo 6:9, Jesús comenzó diciendo: «Vosotros, pues, oraréis así». El Señor nos proporciona un modelo y un patrón para dar forma a todas nuestras oraciones de aquí en adelante. Al igual que los Diez Mandamientos resumen la ley de Dios en diez frases hebreas que hasta un niño podría memorizar, esta oración sintetiza todo lo que debe ser parte de nuestras oraciones en un paquete pequeño que aun un niño puede aprender. Hugh Latimer, el reformador y mártir inglés, lo describió de esta manera: «Esta oración es la suma y compendio de todas las demás. Todas las otras oraciones están contenidas en esta».[18] En esta notable oración, el Señor nos dio un modelo que nuestra oración debe seguir. Es importante que hagamos un par de observaciones acerca de esta oración que nos deben animar a estudiar la enseñanza de nuestro Señor con más cuidado.

Elementos de la oración

Hay tres elementos de esta oración: un prólogo, seis peticiones y una conclusión. El prólogo —«Padre nuestro que estás en los cielos»—, nos enseña la actitud que debemos asumir cuando vamos ante Dios en oración. «Nuestro» es un pronombre plural. La oración no es una práctica individualista, absorta en sí misma. Más bien, debemos orar como miembros de una familia. La palabra «Padre» nos recuerda que hemos de orar como un niño a su padre. Hemos sido adoptados y, por lo tanto, estamos hablando con nuestro Padre. El equilibrio viene en la expresión «que estás en los cielos». Esto quiere decir que no solo debemos ir a Él como nuestro Padre, sino también como súbditos ante un rey.

Las seis peticiones que siguen identifican igual número de categorías de la oración. En ellas se describen los tipos de solicitudes que deben salir de nuestros labios y nuestros corazones. Hemos de orar por *la gloria de Dios*: «Santificado sea tu nombre». Es decir, que su nombre y todo lo relacionado con Él sea apartado y tratado como santo. Hemos de orar por *el reino de Dios*: «Venga tu reino». Debemos orar por el avance del reino espiritual de Dios en los corazones de la gente y por la venida del reino literal cuando nuestro Señor regrese y lo establezca. En tercer lugar, hemos de orar por *la voluntad de Dios*: «Hágase tu voluntad, como en el cielo, así también en la tierra». En cuarto lugar, hemos de orar por *las necesidades de esta vida*: «El pan nuestro de cada día, dánoslo hoy». Quinto, hemos de orar por *la confesión de pecado*: «Perdónanos nuestras deudas, como también nosotros perdonamos a nuestros deudores». Y sexto, hemos de orar por *la búsqueda de la santidad*: «No nos metas en tentación, mas líbranos del mal».

Note la proporción de estas solicitudes: una mitad es acerca de Dios, y la otra acerca de nosotros y nuestras necesidades. Observe el equilibrio en este modelo de oración: Jesús divide las solicitudes que deberíamos hacerle a Dios en seis categorías y, sin embargo, la mayoría de nuestras oraciones caen en solo dos de ellas: las necesidades de esta vida y la confesión de pecado. Eso significa que nuestras oraciones están significativamente desequilibradas. Observe también el orden de las solicitudes, que obviamente es por diseño y nos dice mucho sobre el enfoque de nuestras oraciones. Las primeras tres son todas acerca de Dios. Nuestras necesidades vienen en la segunda mitad de esta oración. Eso significa que nuestras oraciones deben comenzar con y apuntar a Dios, su gloria, su reino y su voluntad. Solo entonces estaremos listos para pedir las cosas que necesitamos.

Lo que es notable acerca de esta oración es que Jesús nos enseñó a orar de la misma manera que Él lo hacía. A menudo, comenzaba sus oraciones dirigiéndose a Dios como su Padre y reconociendo que está en el cielo. En Lucas 10:21 afirma: «Yo te alabo, oh Padre, Señor del cielo y de la tierra». Siempre se preocupaba porque en la oración se santificara el nombre de su Padre: «Padre, glorifica tu nombre» (Juan 12:28). Leemos en Juan 17:1: «Levantando los ojos al cielo, dijo: Padre, la hora ha llegado; glorifica a tu hijo, para que también tu hijo te glorifique a ti».

Jesús oraba constantemente que el reino de Dios avanzara. En Juan 11:41-42 dijo: «Padre, gracias te doy por haberme oído. Yo sabía que siempre me oyes; pero lo dije por causa de la multitud que está alrededor, para que crean que tú me has enviado». La preocupación de Jesús era que se hiciera la voluntad de Dios en la tierra. En el huerto de Getsemaní oró: «Padre, si quieres, pasa de mí esta copa; pero no se haga mi voluntad, sino la tuya» (Lucas 22:42). Él oraba con respecto a las necesidades de esta vida, incluida la necesidad de pan diariamente. Siempre encontramos a Jesús orando antes de las comidas y antes de producir milagrosamente alimentos para las multitudes.

Aunque nunca pidió perdón por sus propios pecados —porque no tenía ninguno—, oraba por el perdón de los demás. En Lucas 23:34, pidió: «Padre, perdónalos». También oraba por la protección espiritual y el crecimiento de los demás; en Lucas 22:32 le dijo a Pedro que, aunque Satanás quería zarandearlo como a trigo: «Yo he rogado por ti, que tu fe no falte». En Juan 17:17, oró por sus apóstoles y por nosotros cuando dijo: «Santifícalos en tu verdad; tu palabra es verdad». Cuando usted ora en las mismas categorías que aparecen en el Padrenuestro, une su oración con la del Señor mismo. En este momento, nuestro gran Sumo Sacerdote continúa ofreciendo esas mismas peticiones con nosotros y por nosotros. Él vive para hacer intercesión por nosotros siempre. Nuestro Señor nos ha mostrado la prioridad de la oración en nuestras vidas y ministerios con su propio ejemplo. Nos ha mostrado la práctica de la oración con el tiempo que invirtió en ella en forma deliberada e intencionada. Y nos ha enseñado la habilidad de orar con su instrucción cuidadosa. Nos ha dado todo lo que necesitamos. Ahora debemos simplemente pedirle la gracia para que determinemos, como lo hicieron sus apóstoles, que vamos a dedicarnos al ministerio de la Palabra y a la oración.

Oración

Padre, perdónanos por excusar nuestra falta de obediencia. Perdónanos por nuestra falta de fe. Perdónanos por haber pecado contra ti y contra nuestra gente, por no orar como deberíamos, por no estar dedicados como nuestro Señor a la oración. Oramos para que hoy nos des un renovado compromiso para dedicarnos diariamente a la oración intencionada, deliberada. Oramos en el nombre de Jesús, amén.

El líder que sufre bien

«Me gozo en lo que padezco por vosotros».

Colosenses 1:24

4

EL LÍDER QUE SUFRE BIEN

John Piper

Colosenses 1:24

Oración de inicio

Padre, te pido que el efecto de nuestros esfuerzos sea una obediencia primordial. También te ruego para que estemos dispuestos a sufrir por la causa de Cristo y a arriesgarnos a parecer tontos, y serlo, si no hubiese resurrección de la muerte. Oro para que nos libres de la presión estadounidense de la facilidad, la comodidad y la seguridad. Oro para que ahora me mantengas fiel a tu Palabra, equilibrado en sus proporciones, protegido del diablo y lleno con tu Espíritu, dejando fuera cualquier cosa inútil e incluyendo todo lo que debe mencionarse para el fortalecimiento del pueblo de Dios. En el nombre de Jesús, amén.

Tribulación y gozo

Leemos en 1 Tesalonicenses 1:6: «Y vosotros vinisteis a ser imitadores de nosotros y del Señor». En este texto hay dos personas que son modelos de algo, a saber, Jesús y Pablo. Esto es de lo que ellos son modelo: «recibiendo la palabra en medio de gran tribulación, con gozo del Espíritu Santo». Jesús fue un hombre que recibió la Palabra de Dios en tribulación, pero fue sostenido por el gozo. En Hebreos leemos: «El cual por el gozo [que fue] puesto delante de él sufrió la cruz, menospreciando el oprobio» (Hebreos 12:2). Pablo fue un hombre que recibió la Palabra de Dios y al que se le dijo: «Yo le mostraré cuánto le es necesario padecer por mi nombre» (Hechos 9:16). Sin embargo, el apóstol dijo una y otra vez que se regocijaba en la tribulación. Nosotros somos llamados a ser imitadores de Jesús y de Pablo. Se nos insta a recibir la Palabra en mucha tribulación, pero con gozo.

Pablo tuvo una vida de sufrimiento. La pregunta es: ¿Cuál era la función del sufrimiento en la vida del apóstol? O, ¿cuál es la función del sufrimiento en la vida del pastor, del misionero y del santo? ¿Es algo que simplemente le sucede a un pastor y luego esa persona puede honrar a Dios por la manera como trata con eso? ¿O hay un propósito para ello en la iglesia? ¿Puede un pastor sufrir por su iglesia? ¿Puede él sufrir por su campo misionero?

¿Es el sufrimiento algo que viene solo porque el diablo es una persona mala o algo que convertimos en influencia santificante a través del poder del Espíritu Santo? ¿O es posible que debido a que Dios le dijo a Pablo: «Yo te mostraré cuánto tienes que sufrir», es que hay un diseño y una estrategia para ese sufrimiento? Traigo estas preguntas y este tema a colación porque los líderes necesitan escuchar acerca del sufrimiento. La mayoría de los pastores vienen de iglesias acomodadas, donde muy pocas personas se dan cuenta de que sufren por diseño.

El sufrimiento como estrategia

Richard Wurmbrand fue un pastor rumano que sufrió catorce años de prisión por causa del evangelio. Aprendí de él sentándome literalmente a sus pies, porque se quitaba los zapatos y se sentaba cuando hablaba. Fue hace como quince años que estuve con unos doce pastores más sentado a los pies de Richard y allí sembró en mi corazón la semilla de abrazar el sufrimiento como estrategia.

Me hacía preguntas como: «Si tú y el hombre sentado a tu lado supieran que ambos van a tener un hijo, uno incapacitado, el otro sano, ¿cuál escogerían?» Esa pregunta todavía me afecta profundamente, pero hace poco he visto algunas maneras en las que ha influenciado a mi rebaño. En la Iglesia Bautista Belén, docenas de bebés son adoptados, tanto de todas partes de los Estados Unidos como de todo el mundo. Muchas familias soportan el sufrimiento al adoptar a esos pequeñines en los orfanatorios de Ucrania. El resultado es doloroso y, si Dios es misericordioso, glorioso. Algunas de esas familias han soportado un dolor tal que han tenido que considerar deshacerse de los pequeños, lo cual es terrible. Esas familias se han puesto en situaciones amenazantes para sus propias vidas debido a que optaron amar y, en último término, sufrir por esos chicos.

Richard Wurmbrand también me impresionó con un relato que nos contó. Era la historia de un monje cisterciense, que es una orden de la Iglesia Católica que es muy tranquila. Un entrevistador de radio, en Italia, le preguntó a ese abad del monasterio cisterciense lo siguiente: «¿Qué pasaría si al final de su vida se diera cuenta de que el ateísmo es la verdad y que no hay Dios?» a lo que el abad respondió: «La santidad, el silencio y el sacrificio son hermosos en sí mismos. Aun sin la promesa de una recompensa, habría empleado bien mi existencia». Sin embargo, Pablo habría dado exactamente la respuesta contraria; lo que hizo en 1 Corintios 15:19. Pablo escribió: «Si en esta vida solamente esperamos en Cristo, somos los más dignos de conmiseración de todos los hombres». No hay un texto en los últimos diez años de mi vida que me haya causado más dificultad que este. No hay ninguno que me haya hecho postrar sobre mi rostro, ni que haya llamado mi ministerio a tela de juicio ni que haya amenazado con cambiar mi futuro como este.

Este pasaje declara que si no hay resurrección de los muertos, entonces las elecciones que hago y la vida que llevo son absolutamente absurdas. Este tipo de pensamiento conmociona en Estados Unidos puesto que casi nadie vende el cristianismo de esta manera. La gente vende el cristianismo como amor, gozo, paz, paciencia, gentileza, mejor matrimonio e hijos más obedientes. Aun un Dios que tal vez prospere su negocio. En consecuencia, si el cristianismo es un engaño, entonces no hace ninguna diferencia mientras usted haya vivido una buena vida.

Sin embargo, Pablo pensaba lo contrario. Somos los hombres más dignos de burla, de lástima, considerados como tontos e irracionales si no somos resucitados después de esta vida infernal. Pablo explicó en el mismo capítulo la opción si no hay resurrección de los muertos. Por eso escribió: «comamos y bebamos» (15:32). Bueno, no quiso decir que nos convirtiéramos en borrachos y glotones si no existiese resurrección. Ser un glotón y tener sobrepeso es lo mismo que tener un ataque al corazón a los 36 años. O ser un borracho conlleva una vida difícil. Nadie ve estos modelos de vida y dice: «Eso sí es vida». Lo que Pablo quiso decir fue: «Simplemente sé normal». Come, bebe, sé normal, evita cualquier riesgo excesivo, mantén alta la seguridad y disfruta las comodidades razonables. Así es como uno debe vivir si no existe la resurrección de los muertos. Un cristianismo normal, sencillo, ordinario, cultural, si no hay resurrección.

Pablo explica con más detalle cómo lo conmovió la verdad de la resurrección en 1 Corintios 15:29-31: «...si en ninguna manera los muertos resucitan... ¿... por qué nosotros peligramos a toda hora?» Leí eso hoy, en el avión, y pensé: «Buenas noches». Si cada hora estoy en peligro, voy a tratar de arreglar eso. Como es natural, no quiero correr peligro, pero Pablo escogió eso. Para él, no era solo una hora, era cada día, todo el día. Peligro en los mares, peligro en los caminos, peligro en la ciudad, peligro con los hermanos falsos y en peligro con el enemigo. No tenía seguridad, parecía que siempre estaba en peligro.

He corrido peligro unas cuantas veces en mi vecindario cuando han sobrevenido amenazas. El resultado es que se me dificulta concentrarme en y ejercer el ministerio. ¿Cómo se va a preparar uno para hablarles a los musulmanes mañana si la multitud está afuera esta noche? Aunque estaba en peligro a toda hora, Pablo continuó escribiendo: «Os aseguro, hermanos, por la gloria que de vosotros tengo en nuestro Señor Jesucristo, que cada día muero» (15:31). Ahora bien, es una tontería si no hay resurrección de los muertos. Si no es seguro que los muertos resuciten, uno debería sacarle el máximo a la vida cada día. Este hombre pensaba de esa manera y tomó esa clase de decisiones puesto que conocía el verdadero gozo. La respuesta de Pablo para sufrir bien se encuentra en Colosenses 1:24.

Un texto intimidante

En la oficina de John MacArthur hay una estatuilla de bronce de un hombre arrodillado con sus manos extendidas. En ella está escrito: «Confiaré en el Señor». Así como esa figura del hombre encogiéndose boca abajo delante de Dios Todopoderoso es que me siento antes esta clase de pasajes. Como pastores, a veces nos vemos tentados a usar la Biblia con el fin de escapar de ella misma. Utilizamos la predicación expositiva como el medio ministerial para protegernos de pasajes que nos hagan extender a ministrar de otras maneras. No me malentiendan, creo en la predicación expositiva con todo mi corazón, pero Dios nos ha llamado a ser más que simples expositores.

Regocijo en el sufrimiento

Leemos en Colosenses 1:24: «Ahora me gozo en lo que padezco por vosotros». No sabemos qué hacer con un versículo como este. Casi todo el mundo en mi iglesia hace completamente lo opuesto: se quejan cuando sufren; le preguntan a Dios: «¿Por qué?» y no se regocijan. ¿Qué le pasa al apóstol Pablo? ¿Acaso viene de otro planeta? Sin embargo, el patrón bíblico de la vida es tan sobrenatural, tan radical y tan diferente que muy pocos pastores y laicos lo viven.

Continuamos leyendo: «Ahora me gozo en lo que padezco por vosotros, y cumplo en mi carne lo que falta de las aflicciones de Cristo por su cuerpo, que es la iglesia». Pablo etiqueta sus aflicciones como «[cumplir]... lo que falta de las aflicciones de Cristo». El sufrimiento está diseñado para lograr algo llamado «cumplir» lo que falta de las aflicciones de Cristo. ¿Qué significa esto? Todos sabemos lo que no significa. Sabemos por Pablo y por Jesús que este versículo no significa que el apóstol Pablo mejoró la obra redentora de la cruz. Cuando Jesús declaró: «Consumado es», quiso decir que se había hecho un sacrificio infinitamente valioso y perfecto, y que nadie podría mejorarlo jamás. Lo que se pagó en la cruz fue pagado por completo, y nadie puede aportar algo al pago que se hizo por el perdón de los pecados y por la justificación de las vidas delante de un Dios santo. Solamente Jesús lo hizo y tenemos seguridad al descansar en ello.

Así que, eso no es lo que el versículo significa. Por tanto, ¿qué significa? Lo que falta de las aflicciones de Cristo no es la perfección del valor de su mérito expiatorio, sino la presentación personal a aquellos por quienes Él pagó el precio. Cristo, por diseño del Padre, representa el sufrimiento expiatorio que se ofreció y se presentó a todos aquellos por quienes murió, en cada grupo de personas del mundo; lo cual se hizo a través del sufrimiento.

El gozo es la única manera en que usted sobrevivirá a su misión en este mundo, si decide sufrir por Cristo.

Sin embargo, ese sufrimiento debe estar acompañado de gozo, porque sin él uno nunca sobrevivirá. Por el gozo puesto delante de usted,

usted soportará las elecciones que haga, las cuales no tendrían lógica si no hubiera resurrección de los muertos. El gozo es la única manera en que usted sobrevivirá a su misión en este mundo, si decide sufrir por Cristo. El gozo del Señor será su fortaleza a través de las decisiones que nadie puede entender.

Un ejemplo paralelo

Ahora bien, ¿por qué creo que este pasaje significa lo que acabo de decir? Por el lenguaje paralelo de Filipenses 2. Tomé los dos términos clave —«cumplir» y «falta»— que aparecen en este pasaje y busqué dónde más se usaron juntos. El más claro ejemplo paralelo se encuentra en Filipenses 2, donde Pablo escribe acerca de Epafrodito. Este fue el individuo que llevó las ofrendas de los filipenses a Roma, donde estaba Pablo. Pablo respondió a los filipenses con esta carta y elogió a Epafrodito porque se arriesgó a morir, de acuerdo a Filipenses 2:27. Epafrodito tomó una decisión que podría haberle parecido necia al mundo, pero aun así lo hizo. Leemos que sobrevivió porque «Dios tuvo misericordia de él» (v. 27). Por lo tanto, Pablo le dijo a la iglesia que lo recibiera con gozo y que lo tuviera a él y a otros como él en alta estima.

En el versículo 30 leemos que Epafrodito «por la obra de Cristo estuvo próximo a la muerte, exponiendo su vida para suplir lo que faltaba en vuestro servicio por mí». Vemos en este versículo las dos palabras parecidas a las que hallamos en Colosenses 1:24, *falta* y *cumplir*. Aquí tenemos un paralelo muy cercano. Los filipenses tenían una ofrenda de amor para Pablo; estaban dispuestos a sacrificarse con el fin de servirle al hermano en Cristo. Sin embargo, esa ofrenda estaba incompleta hasta que los filipenses la llevaran a donde se designó que fuera: a Roma. Y Epafrodito cumplió con lo que faltaba aun al costo casi de su propia vida.

Marvin Vincent, que escribió un comentario sobre Filipenses hace poco más de 100 años, escribió sobre este pasaje: «La ofrenda para Pablo, en realidad, era para la iglesia como cuerpo. Fue una ofrenda sacrificial, de amor. Lo que faltaba era que la iglesia la presentara en persona».[1]

Pablo representó a Epafrodito como el suplidor de lo que faltaba por su ministerio afectuoso y fervoroso. Eso es lo que interpreto de Colosenses 1:24. Pienso que eso es lo que ocurre en ese versículo. Jesucristo tiene un sacrificio afectuoso y una ofrenda para el mundo. Él designó que eso no fuese solamente televisado o radiado, sino que fuese personificado. Ahora bien, esta es la pregunta: Si el propósito era llevar los sufrimientos expiatorios, eficaces, poderosos de Jesús a las vidas de aquellos para los cuales se diseñaron, ¿por qué medios sucederá eso? Pablo aclaró muy bien por qué medios en Colosenses 1:24: «Ahora me gozo en lo que padezco por vosotros… cumplo en mi carne lo que falta».

El método para «cumplir» lo que «falta» de la presentación personal es lo que le sucedía al cuerpo de Pablo cuando predicaba:

> De los judíos cinco veces he recibido cuarenta azotes menos uno. Tres veces he sido azotado con varas; una vez apedreado; tres veces he padecido naufragio; una noche y un día he estado como náufrago en alta mar; en caminos muchas veces; en peligros de ríos, peligros de ladrones, peligros de los de mi nación, peligros de los gentiles, peligros en la ciudad, peligros en el desierto, peligros en el mar, peligros entre falsos hermanos; en trabajo y fatiga, en muchos desvelos, en hambre y sed, en muchos ayunos, en frío y en desnudez (2 Corintios 11:24-27).

¡El sufrimiento es esencial! Si usted no cree esto, no sea pastor. Dios pretende que usted alcance a su pueblo entre todos los grupos étnicos del mundo y en nuestros vecindarios con fidelidad en medio del sufrimiento. Él pretende que todas esas personas vean a Jesús, el verdadero Jesús crucificado, en su crucifixión. De eso es de lo que Pablo escribe en Colosenses 1:24.

Una ocurrencia frecuente

Hace poco recibí una carta y voy a usar nombres ficticios aquí porque no sé si la persona quiere que esto salga a la luz. La carta dice: «Hace dos semanas, a mi hermano Joe le dispararon mientras estaba sentado en su tienda en una villa al norte de Uganda. Joe y su esposa, France, son misioneros en la tribu musulmana Aringa, al norte de Uganda, que está a tres millas del límite con Sudán. France y Joy, su hija de cinco meses, apenas habían llegado a Estados Unidos para una breve visita puesto que habían estado fuera por más de un año. Joe se quedó en África. Dos días después del arribo de France, una noche, Joe y Martin estaban sentados en la sala de su tienda cuando oyeron un sonido extraño afuera. Joe sospechó que habría problemas. Saltó, cerró la puerta con el pie justo antes de que dispararan un rocío de balas. Las balas explotaron a través de la puerta, le dieron a Joe en el hombro y a Martin en el antebrazo».

La carta continúa explicando que los asaltantes entraron, exigieron dinero mientras arrastraban a los dos hombres por todas partes, entre tanto estos clamaron a Jesús para que los salvara. ¿Qué sucedió? Los soldados bajaron sus armas y salieron. Los hombres pasaron cinco horas sin ninguna asistencia médica y aun así sobrevivieron. Esa historia tuvo un final feliz, pero todos conocemos muchas que tuvieron un final «terrenal» menos feliz.

¡Eso es normal! Ay de la iglesia que no enseña a sus jóvenes que eso es normal. Pablo escribió: «Ahora me gozo en lo que padezco por vosotros… cumplo en mi carne lo que falta». Ahora bien, ¿es esto solamente apostólico? No, puesto que Jesús declaró: «Porque todo el que quiera salvar su vida, la perderá; y todo el que pierda su vida por causa de mí y del evangelio, la salvará» (Marcos 8:35).

La verdad del sufrimiento para la gloria de Dios se aplica a todo el mundo.

Amados, el camino a la salvación es aquel en el que se pierde la propia vida por causa del evangelio. Además, leemos en 2 Timoteo 3:12: «Y también todos los que quieren vivir piadosamente en Cristo Jesús padecerán persecución».

Esa verdad del sufrimiento para la gloria de Dios se aplica a todo el mundo. Y la razón por la que esta verdad encuentra un eco tan pequeño en la iglesia estadounidense es porque hemos domesticado la palabra *piedad* tanto que apenas comenzamos a comprender lo que Pablo quiere decir con eso. La piedad está limitada a leer su Biblia, ir a la iglesia y mantener los diez mandamientos. Pero eso no es todo lo que encierra la piedad porque los fariseos hacían todas esas cosas. Piedad es estar tan cautivado por Dios, tan satisfecho con Dios, tan lleno de Dios, tan motivado por Jesús que usted vive de una manera en que la única explicación para su vida es la promesa de que Dios lo levantará de entre los muertos. Por eso es que siempre oro: «Señor, prepáranos a mi esposa y a mí para nuestra próxima decisión».

Nunca seremos la iglesia de Cristo hasta que decidamos correr riesgos que solo puedan ser explicados por la resurrección de los muertos. Esa es la única manera en que seremos la iglesia que debemos ser y culminar la Gran Comisión.

El gozo es la clave para el sufrimiento

La última palabra que investigar aquí es *gozo*. «Ahora me gozo en lo que padezco». El camino al Calvario es difícil y lleno de gozo; pero el gozo de Pablo me parece que es absolutamente abundante. Él escribió a los corintios: «Como entristecidos, mas siempre gozosos» (2 Corintios 6:10). ¿Cuál es la clave de este gozo? La encontramos en Romanos 5:2: «Nos gloriamos en la esperanza de la gloria de Dios». Pablo continuó: «Y no solo esto, sino que también nos gloriamos en las tribulaciones». Esta mañana leí un artículo de Marvin Olasky sobre el tema del proselitismo en la última edición de la revista *World*. Él mencionaba que el cristianismo tiene excelentes ejemplos en cuanto a cómo hacer proselitismo. Pero también utiliza una ilustración de las malas formas de hacerlo. Escribió que hace 100 años, en Turquía, los musulmanes colocaron en hileras a los cristianos armenios mientras ciertos líderes musulmanes caminaban por la fila y preguntaban: «¿Adoras a Cristo o a Alá?» Si la respuesta era «Cristo», le empujaban una espada en el abdomen. Ahora bien, ¿a cuántas personas observa usted que le suceda eso antes de decidir qué va a responder? El gozo en Cristo en ese momento no es opcional; es la única esperanza de obediencia. Por eso es que Pablo dice aquí: «Me gozo en lo que padezco».

Cumpla lo que falta

Quiero concluir con una ilustración de J. Oswald Sanders, un ilustre misionero. Sanders murió hace algunos años, tenía 89 años la última vez que lo escuché. Él dio una ilustración que encarna perfectamente a Colosenses 1:24. Sanders hablaba de un evangelista de la India, un recién convertido, que quería hablarle a todo el mundo acerca de Jesús. Así que viajó todo un día, tras lo cual llegó a una villa. Se preguntaba si debía esperar hasta la mañana siguiente para evangelizar en ese lugar. Pero decidió entrar en la villa y predicar el evangelio antes de descansar. El evangelista logró agrupar una multitud a su alrededor y les predicó el evangelio, pero se burlaron de él. Así que se fue porque estaba cansado y desanimado, salió de la villa y se recostó debajo de un árbol a dormir.

Unas horas más tarde, al irse metiendo el sol, se despertó sobresaltado con toda la villa a su alrededor. Vio a uno de los líderes de la villa sobre él y pensó: *Oh, me van a herir o a matar.* El líder le dijo: «Vinimos a verlo y notamos que tiene los pies sangrientos. Creemos que usted debe ser un hombre santo y que se preocupa por nosotros puesto que vino de tan lejos como para tener los pies así. Nos gustaría escuchar su mensaje de nuevo».

Pastor, nos gozamos en lo que padecemos, y cumplimos en nuestra carne lo que falta de las aflicciones de Cristo. Una cosa que falta en las aflicciones de Jesús es una presentación personal, encarnada y sangrienta de su cruz a aquellos por quienes murió. Nosotros debemos ser esa presentación. He predicado múltiples veces este mensaje porque siento la carga de llamar a la iglesia a alistarse no para lo que pudiera suceder, sino para lo que *debe* suceder si llevamos la vida de Pablo. Usted está siendo llamado a través de mi boca por el Dios altísimo a tomar decisiones en su ministerio, en su matrimonio y en su paternidad. Si usted está suspendido en el aire justo al borde de una decisión radical, me emociono por usted. Quiero empujarlo al borde y reforzar lo que Dios le está llamando a hacer; eso es tomar decisiones al servicio del amor, no masoquismo; un servicio sufrido y sacrificado que solo puede explicarse si Cristo le va a levantar de entre los muertos.

Oración

Padre, oro por los pastores que enseñan estas verdades a sus congregaciones. Oro para que esos líderes edifiquen congregaciones radicales, no sincronizadas, arriesgadas, sacrificiales, que muestren amor y exalten a Cristo. Congregaciones que solo puedan explicarse por el hecho cierto de que Jesús ha satisfecho de tal manera sus almas, que puedan decir: «Deja ir los bienes y la parentela, también esta vida mortal; al cuerpo pueden destruirlo; la verdad de Dios permanece; su reino es para siempre».[2] Pero Señor, nunca construyas esas congregaciones si no abrazamos los riesgos del amor. Muestra ahora a cada persona los pasos que deben dar para que el mundo se asombre y glorifique a nuestro Padre en los cielos. Oro en el nombre de Cristo, amén.

Un ministerio de integridad

«Conociendo, pues, el temor del Señor,
persuadimos a los hombres».

2 Corintios 5:11

5

Un ministerio de integridad

John MacArthur
2 Corintios 5:11-15

Nunca pienso en la cruz en términos vagos o generales. Siempre pienso en la muerte de Cristo de una manera muy particular, considerando el hecho de que llevó en su cuerpo mis pecados y acreditó su justicia a mi cuenta. Esta verdad eleva mi adoración a Él, y me recuerda que soy llamado a ser un líder con integridad.

Hace poco hablé con un pastor que me llamó porque adoptó una posición transigente. Puesto que sus acciones eran públicas, las personas más cercanas y queridas por él estaban preocupadas por su comportamiento. Le recordé, así como a cualquier líder que lea esto, que los pastores están llamados a tener integridad.

Niveles de integridad

Primero, la integridad debe manifestarse en la familia del pastor. Debe asegurarse de que la vida que usted lleva tan bien coincida con el mensaje que predica a sus hijos, a su esposa y a las personas cercanas a usted.

Segundo, el pastor es llamado a tener integridad en la iglesia. Uno de los inconvenientes de pasar casi medio siglo en la misma iglesia es que no hay secretos. Yo no tengo ningún secreto, ni tampoco mi familia. Hay un gran nivel de exposición en el ministerio a largo plazo. El lado positivo de ello es que si por la gracia, la misericordia y la bondad de Dios, un pastor puede sobrevivir con su integridad intacta, hay un gozo y un nivel de confianza en la familia eclesial que es difícil de describir.

Tercero, el pastor debe tener integridad aun con las personas que no son de su congregación pero que son influidas por su predicación y su enseñanza. Esos individuos tienen que saber que la persona que están escuchando es confiable. David escribió en Salmos 25:21: «Integridad y rectitud me guarden». Además, oró al Señor en Salmos 41:12, lo siguiente: «En mi integridad me has sustentado». Eso también está constantemente en mi oración, que el Señor nunca me deje vivir ante mi familia, ante mi iglesia, ante un mundo que observa, en ninguna forma opuesta a lo que predico y a lo que digo que creo.

La integridad debe marcar a todos los creyentes,
pero sobre todo a aquel que tiene más que arriesgar;
el representante, el portavoz, el modelo, el ejemplo, el líder.

Además, no solo es que quiera mantener la integridad en mi propia vida; anhelo estar rodeado de personas que también la tengan. En Salmos 101:6, David miró a su reino, junto con los que quería a su alrededor, y dijo: «El que ande en el camino de la perfección, éste me servirá». Es más, la paráfrasis de este salmo es: «El que camina en forma íntegra…» La integridad debe marcar a todos los creyentes, pero sobre todo a aquel que tiene más que arriesgar; el representante, el portavoz, el modelo, el ejemplo, el líder.

Definición de integridad

La palabra hebrea traducida como «integridad» significa totalidad o completo. Cada parte de la vida del creyente debe estar en perfecto orden con todas las demás. El término se usa para lo que es impecable, lo que es perfecto, lo que es intachable y lo que es congruente. Incluso la palabra *integridad* proviene de un vocablo que quiere decir «entero», que es el término matemático que significa número entero. El diccionario define la palabra íntegro como la cualidad de ser indivisible. Algunos sinónimos de integridad son honestidad, sin hipocresía o sin duplicidad. En otras palabras, usted vive con integridad cuando no ha encubierto nada. La Primera Epístola a Timoteo, capítulo 3, nos recuerda que si un hombre quiere ser anciano, debe ser intachable e irreprochable. Con demasiada frecuencia, los líderes de la iglesia de hoy se enfocan en los esfuerzos del ministerio y en los objetivos que se definen por el valor, la energía, el entusiasmo, el optimismo, el espíritu empresarial y la imaginación. Pero la Escritura se interesa mucho más en la integridad.

Un ataque a la integridad

Ahora bien, una vez dicho esto, el producto más preciado que tengo como pastor es mi relación personal con Cristo. En eso radica la integridad de mi ministerio. Tan pronto como se haga evidente a mis propios hijos, a mi familia, a mi iglesia o al mundo que me observa que soy algo diferente de lo que predico, todo está perdido. Sin embargo, es difícil tratar de defender la integridad cuando sus críticos la atacan. Yo he tenido muchos críticos y los he tenido por mucho tiempo, pero con la Internet, su cantidad ha aumentado en forma astronómica. Mi hija empezó a trabajar en el ministerio que presido, *Gracia a Vosotros*, hace algunos años. Ella pensaba que todo el mundo amaba a su padre puesto que vivía en el microcosmo de esta iglesia. Su responsabilidad en *Gracia a Vosotros* era procesar las cartas recibidas por correo. Sin embargo, la sorprendió todo el correo cargado de odio que llegaba en contra de mí y fue tan aplastada por ello que comenzó a responder, sin autorización, a todas esas personas. Les contestaba: «Usted no conoce a mi padre. Deje de decir esas cosas sobre él».

La parte más desafiante del ministerio es recibir falsas acusaciones de ser una persona infiel, no enmarcada en lo bíblico o culpable de cualquier otro pecado. Recuerdo que cuando comencé en el ministerio le dije a mi padre: «Papá, ¿oras por mí?» Él respondió: «Oraré por ti y oraré por dos cosas específicamente: que Dios te proteja de pecado y que te proteja de la gente que te acuse de pecados que no hayas cometido». Mi padre sabía que los pastores necesitan ser protegidos de acusaciones falsas. Como pastor, usted será calumniado y, algunas veces, tendrá a sus enemigos están muy cerca. A veces están hasta en la junta directiva de la iglesia, lo cual hará tales ataques más dolorosos.

Una integridad digna de defender

El primer paso para defender su integridad es tener una que sea digna de defender. Pero incluso entonces, defenderse uno mismo es un asunto complicado, porque es difícil hacerlo sin parecer aprovechado o egocéntrico. A mí no me gusta defenderme a mí mismo, pero a pesar de eso sé que cuando vienen contra mí acusaciones, críticas infundadas, injustificadas y falsas, destruyen la confianza de la gente en mi ministerio. Las acusaciones falsas me coartan la oportunidad de comunicarle la verdad a la gente que está bajo mi influencia. El pastor que protege su integridad es un siervo que protege al rebaño que pastorea.

En 1 Corintios 4:3, Pablo escribió que era cosa pequeña lo que los hombres decían de él porque Dios da el veredicto final. Y, en cierto sentido, no se trata de sentimientos personales, autoestima, autoprotección ni de asegurarse de que uno vaya por la vida felizmente, sino de la manera en que las palabras de ciertos individuos afectan el potencial de su ministerio. Es doloroso que su ministerio sea difamado, porque eso lo separa de las personas que caen en esas mentiras y usted ya no tiene la oportunidad de actuar como siervo del Señor para ellos. Y es especialmente doloroso cuando ocurre en la iglesia. Eso sucedió en la congregación Grace Community Church, en la que —de un solo golpe— más de doscientas personas se fueron protestando contra mí bajo el asalto de una acusación falsa hace algunos años. Pero aprendí que si uno tiene una vida digna de defender, entonces va a estar atrapado en esa posición incómoda de tener que defenderse a sí mismo.

Persuada a los hombres

Si se encuentra en esa posición, está en la buena compañía del apóstol Pablo. Usted pudiese tomar casi cualquier pasaje de 2 Corintios y el texto lo llevaría de una manera u otra al punto en que vea la forma en que Pablo consideraba su ministerio y cómo lidiaba con los que cuestionaban su integridad. Más concreto aun, hay cuatro palabras que sobresalen en 2 Corintios 5:11: «Persuadimos a los hombres». ¿Para qué exactamente estaba Pablo persuadiendo a los hombres? ¿Estaba hablando en cuanto a ocuparse con entusiasmo en persuadir a la gente a creer en el evangelio? Porque eso es lo que hace en otras partes de la Escritura; por ejemplo, leemos en Hechos 18:4 que Pablo contendía en la sinagoga de Corinto todos los días de reposo, tratando de persuadir tanto a judíos como a griegos. Y en Hechos 28:22, un grupo se acercó a Pablo y él trató de persuadirlos acerca de Jesús, tanto por la Ley de Moisés como por los Profetas, desde la mañana hasta la tarde (v. 23). Pablo era persuasivo cuando se trataba del evangelio.

Sin embargo, la referencia en 2 Corintios 5:11 no tenía que ver con persuadir a la gente a que creyera en el evangelio. Más bien, Pablo escribió acerca de persuadir a los hombres en cuanto a su propia integridad, lo cual era un asunto clave en 2 Corintios. En ese tiempo, Pablo estaba bajo el ataque de los falsos maestros de Corinto a gran escala, los cuales estaban enseñando una mezcla retorcida de cristianismo, judaísmo y religiones paganas. En su intento por enseñar con éxito sus mentiras y cumplir con su plan satánico, esos falsos maestros tenían que destruir la confianza de esa congregación en el maestro imperante, Pablo.

En consecuencia, el apóstol escribió para persuadir a los corintios en cuanto a su propia integridad, porque había sido atacada en forma ilegítima. En el capítulo 1, él escribe acerca de todo el sufrimiento que había soportado. Los falsos maestros afirmaban que el sufrimiento de Pablo se debía al juicio divino. Pero este le recuerda a la iglesia que aun cuando estaba sufriendo, dicho sufrimiento era por causa del evangelio. En el capítulo 4, Pablo recalca que esa pesadumbre le ocurría para que él pudiera consolar a la iglesia. Incluso fue atacado con respecto a su honestidad. Sus críticos estaban diciendo: «Tú no haces lo que dices que vas a hacer. Dijiste que ibas a venir y no lo hiciste». Pablo respondió recordándole a la gente en la iglesia que él solo podía hacer lo que el Señor le permitía. El apóstol tuvo que defender su propia integridad. Entonces los falsos maestros atacaron su virtud, a lo que él respondió que no tenía ninguna vida secreta vergonzosa y que no había otro Pablo.

Los falsos maestros lo acusaron de ser orgulloso y de querer elevarse a sí mismo, pero él le recordó a la iglesia que él no era más que una olla de arcilla, una vasija de barro. Los maestros cuestionaron su receptividad, por lo que él escribió de nuevo: «nuestro corazón se ha ensanchado» (6:11). Fue acusado de estar en el ministerio por favores sexuales y por dinero. Él respondió: «A nadie hemos agraviado, a nadie hemos corrompido, a nadie hemos engañado» (7:2). Atacaron su apostolado como si fuera ilegítimo, pero él le recordó a la gente que no era inferior a ningún apóstol. Atacaron su talento diciendo que su persona y su discurso no impresionaban y que eran despreciables, e incluso atacaron su mensaje. Lo atacaron en todas las formas que pudieron. Sus acusaciones circulaban por toda la iglesia corintia y estaban cayendo sobre Pablo de manera tal que este admitió que estaba deprimido (7:6).

Yo he estado en esa situación, usted ha estado en esa situación. Vemos nuestra vida como Job y hacemos lo mejor que podemos para caminar de la manera que debemos andar y vivir lo que predicamos. Detestamos estar a la defensiva puesto que no queremos parecer demasiado auto-protectores, pero aun así entendemos lo que está en juego.

Como resultado, «persuadimos a los hombres» (5:11). Esta frase abre la puerta a esta pequeña porción de la Escritura y a cómo defender nuestra integridad. Pablo utilizó un pronombre plural porque estaba hablando de sí mismo, pero al mismo tiempo estaba evitando estratégicamente decir «yo». La palabra griega traducida como «persuadir» es *peithomen*, el mismo término utilizado en Gálatas 1:10, en sentido negativo, donde significa buscar el favor de los hombres. En Gálatas, Pablo no estaba buscando el favor de aquellos que rechazaban al verdadero evangelio. Pero en 2 Corintios está en el extremo opuesto, estaba buscando una respuesta favorable de la iglesia puesto que estaba defendiendo su propia integridad.

Apele a Dios

Hablo con pastores que se comunican conmigo para tratar acerca de los terribles ataques en contra de ellos que suceden en sus iglesias. Mi respuesta es como sigue: «Defiéndete si tienes una vida digna de defender». De igual manera, Pablo quería el favor y la confianza de su iglesia. Note la frase que sigue a «persuadimos a los hombres», «pero a Dios le es manifiesto lo que somos» (5:11). Como líder, si va a decir: «Quiero persuadirlos de mi integridad», entonces también va a tener que decir: «Y Dios sabe la verdad acerca de mí». Dios es el que conoce nuestra condición espiritual y nuestro corazón. En esa clase de situaciones, debemos estar dispuestos a presentarnos con agrado ante el tribunal de Dios y aceptar cualquier disciplina que merezcamos.

Otro tribunal al que Pablo apeló fue al de su propia conciencia. En 2 Corintios 1:12 el apóstol escribió: «Porque nuestra gloria es esta: el testimonio de nuestra conciencia, que con sencillez y sinceridad de Dios, no con sabiduría humana, sino con la gracia de Dios, nos hemos conducido en el mundo, y mucho más con vosotros». No importaba qué se decía en contra de Pablo, qué acusaciones asestaban contra él, qué calumnias se decían, qué libro se escribía en su contra; su conciencia estaba limpia. Aunque algunas personas acusaban a Pablo, su conciencia no lo inculpaba. En el capítulo 1, Pablo apela al tribunal de su conciencia, pero en el capítulo 5 va a un tribunal aun más alto: al de Dios mismo, que conocía la sinceridad e integridad del corazón del apóstol. Amigo pastor, qué paz vendrá a su alma cuando usted pueda decir: «Dios conoce mi corazón».

En Hechos 23:1, Pablo mencionó que había llevado su vida con toda buena conciencia; y en Hechos 24:16, afirma que ha hecho todo lo posible para mantener una conciencia intachable. Ahora bien, esa es una integridad y una vida que valen la pena defender. Solo cuando uno tiene la conciencia tranquila y sabe que por la gracia de Dios ha vivido en santidad y piadosa sinceridad, es que puede levantarse en una legítima defensa de su integridad por el bien de aquel al que representa.

Si hay alguna cosa que afianza la enseñanza de la Palabra de Dios, es la integridad sincera del ministro.

Razones para defender su integridad

La integridad del mensajero es un aspecto crucial para hacer el mensaje aceptable. Al final de 2 Corintios 5:11, Pablo escribe: «espero que también lo sea [manifiesto] a vuestras conciencias». Pablo quería que esas personas confiaran en él, que no tuvieran dudas acerca de él, que no creyeran todas las mentiras que decían de él, que no escucharan todas las críticas perversas de los falsos maestros y que, en vez de eso, escucharan a sus propias conciencias. Lo que Pablo estaba diciendo era lo siguiente: «Yo confío en sus conciencias más de lo que confiaría a esos falsos maestros, porque ustedes pertenecen a Cristo y ustedes me conocen personalmente. Sus conciencias han sido formadas por la verdad de Dios, informadas por la verdad de Dios, y están operando bajo la influencia del Espíritu de Dios». La evidencia de la sinceridad de Pablo fue crucial para el efecto de su ministerio. Si hay alguna cosa que afianza la enseñanza de la Palabra de Dios, es la integridad sincera del ministro. Pablo sabía eso y estaba dispuesto a pelear para defenderse.

Reverencia por el Señor

¿Por qué es importante defender su ministerio y su integridad? La *primera* razón es por reverencia al Señor. Pablo escribió: «Porque es necesario que todos nosotros comparezcamos ante el tribunal de Cristo, para que cada uno reciba según lo que haya hecho mientras estaba en el cuerpo, sea bueno o sea malo» (v. 10). Pablo luego hace la transición a lo siguiente en el verso 11: «Conociendo, pues, el temor del Señor, persuadimos a los hombres». Debemos tener reverencia y temor ante el hecho de ser examinados por el Señor y ante la posibilidad de que determine si nuestras obras son «malas» (griego, *phaulos*), lo cual significa inútiles.

Supongo que la fuerza impulsora más fuerte en mi vida es la reverencia al Señor. Mi visión acerca de Dios me impulsa y me impele. Es mi visión de Dios lo que impulsa mi visión acerca de la Escritura. Pablo escribió: «Conociendo, pues, el temor del Señor...» La palabra griega traducida como temor es *phobos*, de la que surge el vocablo *fobia*. Es un término fuerte que puede incluso ser traducido como «terror». Sin embargo, Pablo no intentaba hablar de Dios como el que juzga y condena. Más bien, quería escribir acerca de la admiración, el respeto y la adoración que el Señor provocaba en su alma: el deseo apremiante de adorarlo, honrarlo y glorificarlo.

Un aspecto difícil cuando se es criticado es que es decepcionante saber que hay personas que piensan que usted haría algo que acarree vergüenza al nombre de Cristo. Lo último que yo querría hacer sería deshonrar al Señor. Conocer el temor del Señor es la máxima forma de rendir cuentas. Lo que controla el corazón es un temor saludable al Señor o el sobrecogimiento y la reverencia. Pablo escribió que conocía ese temor, la palabra «conociendo» se refiere a un conocimiento concreto. Pablo tenía un conocimiento concreto de Dios como un Señor al que se debe adorar, por lo que su obediencia procedía de ese conocimiento apropiado de Dios.

Encontramos la respuesta opuesta en Jonás, a quien Dios ordenó: «Ve a Nínive». La respuesta de Jonás fue: «No voy a ir a Nínive. Yo sé qué tipo de Dios eres. Tú vas a salvar a esa gente». Tristemente, el conocimiento apropiado de Dios llevó a Jonás a la desobediencia. Sin embargo, para Pablo ese conocimiento lo llevó a la obediencia. Es como si Pablo estuviera diciendo: «Yo sé qué tipo de Dios tengo. Lo amo, lo adoro y quiero glorificarlo». Pablo se preocupaba por su integridad puesto que a él le interesaba que el nombre de Jesús fuese adorado. El apóstol no quería que nada socavara la verdad de su fidelidad al Cristo que proclamaba. En verdad, quería enfrentar al tribunal de Cristo y escuchar que le dijeran: «Bien, buen siervo y fiel». Si arruinaban su reputación, el nombre del Señor sería avergonzado, y su eficacia desaparecería. Su productividad sería restringida. En consecuencia, Pablo vivió en santidad y sinceridad piadosa porque no quería que Dios fuera afrentado.

La preocupación por la iglesia

La *segunda* razón por la que Pablo defendió su integridad fue debido a su preocupación por la iglesia. Nosotros entendemos lo que le sucede a la iglesia cuando la integridad es hecha añicos. Pablo escribió: «No nos recomendamos, pues, otra vez a vosotros, sino os damos ocasión de gloriaros por nosotros, para que tengáis con qué responder a los que se glorían en las apariencias y no en el corazón» (5:12). Cuando Pablo hablaba de «los que se glorían en las apariencias y no en el corazón», se estaba refiriendo a los falsos maestros que basaban su justicia en las obras. Los falsos maestros siempre vienen y se glorían en la apariencia, no en el corazón. Para ellos, todo se reduce a lucir bien en apariencia, puesto que la religión falsa nunca puede cambiar el corazón.

Como pastores, queremos vivir con integridad, de manera que la iglesia esté orgullosa de nosotros y nos defienda contra los falsos acusadores. Pablo se dio cuenta de que era necesario defenderse a sí mismo puesto que los falsos maestros estaban dañando la confianza de la iglesia en él. Él sabía que los ataques a su integridad crearían discordia, retrasarían el crecimiento y paralizarían el testimonio de la iglesia. La preocupación de Pablo por su reputación era por causa de la iglesia. Él no estaba tratando de ser reivindicado; esta simplemente era una oportunidad para que la congregación se parara y demostrara que estaban orgullosos de Pablo contestándoles a los críticos. Sin embargo, al parecer ellos no hicieron eso.

Es más, la última vez que Pablo visitó Corinto, alguien de la iglesia se levantó y lo acusó falsamente. Y puesto que nadie lo defendió, se fue con el corazón partido. Esa es la razón por la que Pablo dudaba en regresar. Él no sabía si iba a poder soportar el dolor. El apóstol tenía la esperanza de que esas personas se reunieran en torno a su ministro, se reunieran alrededor de la verdad que él les enseñó y que tomaran la iniciativa contra los intrusos.

Conocí a un predicador de televisión muy prominente cierta noche en un vuelo desde Chicago. A la media hora de vuelo él ya estaba ebrio y cuando me vio me trató con notable desdeño. Yo le respondí: «Esto es interesante, ya que ahora precisamente estoy en el proceso de escribir un breve artículo acerca de ti». Días más tarde, después de regresar de Los Ángeles, recibí por correo un sobre de él. Decía: «Estimado John: Gracias por tu estupenda camaradería en el vuelo de Chicago...» Por supuesto, escribió esa carta para que, en caso de que yo sacara algo acerca de su bebida, tuviera argumentos para negarlo. Junto con su misiva, adjuntó unas doce cartas más de diversas personas elogiándolo. Entendemos que es importante ser defendidos por otros individuos aparte de nosotros mismos. Pero esa defensa no tuvo buenos resultados conmigo, porque yo estuve en el avión y vi la realidad de su condición. En 2 Corintios, Pablo tampoco quería escribir solamente una recomendación de sí mismo, aun cuando era creíble que tenía integridad. Él sabía que es mejor cuando la congregación se levanta a defender a su pastor.

El apóstol quería que sus amigos corintios confrontaran con decisión a los enemigos de la iglesia y se levantaran para proteger a su fiel ministro y pastor. Pablo preferiría lo que dice el proverbista: «Alábete el extraño, y no tu propia boca; el ajeno, y no los labios tuyos» (Proverbios 27:2). Así que escribió que él y sus compañeros de ministerio les estaban dando a los creyentes en Corinto «ocasión de gloriaros por nosotros». Él quería que la iglesia presumiera de él, en el buen sentido de la palabra. Ellos necesitaban tomar posesión de su caso. Necesitaban responder a sus detractores. Ellos tenían toda la información puesto que estuvieron bajo su ministerio por casi dos años. ¿Qué más podía escribir Pablo que ya no hubiera sido escrito o dicho?

Esa era la situación en la que Jonatán Edwards también se encontró. Había ministrado por más de veinte años en una iglesia, además de que fue el catalizador del Gran Avivamiento, pero la iglesia se deshizo y regó la voz contra él tan ampliamente que fue reducido a ministrar a un asentamiento de indios. Spurgeon experimentó eso mismo cuando la

Unión Bautista se deshizo de él con un voto apabullante que fue secundado por su propio hermano, que era su pastor ayudante. Pablo entendía que el ministro tiene que defenderse a sí mismo por causa de la fortaleza y unidad de la iglesia.

Devoción a la verdad

La *tercera* razón para defender nuestra integridad es por devoción a la verdad. «Porque si estamos locos, es para Dios; y si somos cuerdos, es para vosotros» (2 Corintios 5:13). Pablo no estaba defendiéndose de una manera interesada, sino por devoción a la gente en la iglesia y a Dios. «Locos» quiere decir: perder la cabeza. Esto implica que la gente estaba llamando loco a Pablo, afirmando que había perdido la cabeza. Pero ese mismo término es utilizado para describir emoción y entusiasmo. Lo que Pablo estaba diciendo era que: «Si parezco exageradamente emocionado y entusiasta, es por Dios. Si soy apasionado y parezco loco, hay una razón para ello. Soy un fanático de Dios y de su verdad».

¿Cómo no iba a estar Pablo entusiasmado, apasionado y fervoroso cuando todo lo que él hacía era para Dios? Porque la verdad divina que le había sido dada necesitaba ser pasada a otros para que pudieran creer.

A continuación, Pablo escribió: «y si somos cuerdos» —es decir, si hay momentos en los que somos moderados, de mente sobria, tranquilos, relajados, recogidos, mansos, humildes y refrenados— «es para vosotros». Hay una parte del pastor que es apasionada, ferviente y exagerada. Pero también hay otra que es sobria, analítica y cuidadosa con todas las cosas que hace y dice. Pablo era razonable cuando necesitaba serlo, y era apasionado cuando no podía contener su amor por la verdad y el Dios de esa verdad.

Agradecimiento por la salvación

Una *cuarta* razón para la defensa de la integridad es el agradecimiento por la salvación o agradecimiento por un amor salvador. «Porque el amor de Cristo nos constriñe» (5:14). Todo lo que Pablo hacía era porque el amor de Cristo lo controlaba. Lo que había entrado en la vida de Pablo se hizo encargo de él por completo. Por eso escribió: «Porque el amor de Cristo nos constriñe, pensando esto: que si uno murió por todos, luego todos murieron; y por todos murió, para que los que viven, ya no vivan para sí, sino para aquel que murió y resucitó por ellos» (5:14-15).

Pablo estaba defendiendo su integridad porque estaba limitado a mantener un lugar para ministrar con eficiencia, utilidad y credibilidad. El apóstol estaba dispuesto a luchar por causa del gran amor de Cristo por él. Él sabía que una manera de mostrarle gratitud por ese amor era entregándose a sí mismo en ministerio sacrificial en nombre del evangelio. Pastor, ¿ama usted a Cristo lo suficiente como para hacer todos los sacrificios necesarios para llevar una vida de agradecimiento? Para clarificar, una vida de agradecimiento es la que se vive en santidad y sinceridad piadosa, y que compensa con gratitud la integridad ministerial que agrada al Señor diciendo: «¡Gracias a Dios por su don inefable!» (2 Corintios 9:15).

Pablo quería ministrar porque «Uno murió por todos». Esta es una de las más grandes declaraciones teológicas que encontrará en las epístolas. Ahora, vamos a ser un poquito técnicos aquí y preguntemos quién encaja dentro de la categoría de «todos». Por dicha, la palabra «todos» es calificada en el versículo 14: «luego todos murieron». Si asume que «todos» se refiere a toda la humanidad que ha vivido alguna vez, entonces usted sostiene una perspectiva universalista. ¿Cree usted que todos los que han vivido alguna vez van al cielo? Si su respuesta es no, entonces entiende que la expiación de Cristo tiene límites.

El «todos» por los que Cristo murió representa a aquellos que creen en Él. Cristo se levantó en representación de ellos solamente. El texto mismo nos dice que esta es una muerte específica, un acto de sustitución. No se permita pensar que Jesús hizo lo mismo por toda la gente que está en el infierno como por la que está en el cielo. Eso significa que no murió por alguien en particular. Algunas personas ven la muerte de Cristo como un potencial que se actualiza cuando alguien cree en Jesús. Pero, ¿cómo pueden unos pecadores muertos espiritualmente activar una expiación potencial? Jesús no tuvo una muerte inútil; murió por todos aquellos que son sus hijos elegidos. Él dijo: «Yo soy el buen pastor; y conozco mis ovejas, y las mías me conocen, así como el Padre me conoce, y yo conozco al Padre; y pongo mi vida por las ovejas» (Juan 10:14-15).

Pablo tenía un corazón agradecido puesto que entendía la muerte sustitutoria, expiatoria y real que Cristo sufrió por él. Era esta sobrecogedora realidad —el hecho de que antes de que él llegara a existir, Dios en su amor eterno y soberano había propuesto que Jesucristo llevaría sus pecados en su propio cuerpo en la cruz— lo que llevó a Pablo a ser agradecido.

El apóstol entonces escribe en el versículo 16: «De manera que nosotros de aquí en adelante a nadie conocemos según la carne; y aun si a Cristo conocimos según la carne, ya no lo conocemos así». Pablo, en algún momento, pensó que Jesús era un charlatán y un fraude. Él habría estado gritando: «Crucifíquenlo» con todos los demás en la multitud ante Pilatos. Pero, debido a que eso ya era historia, expresó su oposición a Jesús persiguiendo a los cristianos. En sus inicios, Pablo tenía una visión humana de Cristo: «si a Cristo conocimos según la carne». Sin embargo, después de su conversión, «ya no lo conocemos así». La visión de Pablo fue transformada. Él, como dice en el versículo 17, «nueva criatura es; las cosas viejas pasaron; he aquí todas son hechas nuevas».

En defensa de su propia integridad

Pablo fue transformado a través de su fe en Cristo y de la expiatoria muerte sustituta de Cristo a su favor. Esta verdad de la cruz lleva a un agradecimiento que todo lo consume por la salvación, lo cual resulta en una defensa de la integridad. ¿Cómo podía Pablo no defender la naturaleza de su nueva identidad, la cual fue comprada por la sangre preciosa de Cristo? De la misma manera, como pastor, busque una integridad digna de defender y defiéndala, dado que la cruz le ha hecho a usted una nueva creación.

Oposición y esperanza

«El Altísimo tiene dominio en el reino de los hombres,
y… lo da a quien él quiere».

Daniel 4:25

6

OPOSICIÓN Y ESPERANZA

Mark Dever

Daniel 1—6

Hace poco fui sorprendido por una publicación que daba instrucciones a los musulmanes acerca de lo correcto que es matar a los cristianos en Arabia Saudita. El libro anima a los musulmanes a luchar su propia yihad particular y a trabajar para exponer lo que ellos ven como una pandilla malvada que controla al gobierno de los Estados Unidos.

Como cristianos, al menos en occidente, estamos más angustiados e inseguros que lo que pudimos habernos sentido hace treinta años. Al mismo tiempo, parecen estar aumentado entre nosotros las amenazas nacionales a nuestros ministerios y a las libertades públicas, así como los desafíos a la libre práctica de la fe cristiana en esta tierra. El secularismo se arraiga en nuestras elites de modo que descarta la validez del cristianismo y carcome la empatía cultural residual que existe por el evangelio. Además, está la realidad enervante y agotadora de nuestra adicción a la comodidad en medio de una riqueza material peligrosamente creciente.

Con nuestras ideas marginadas por las elites y con los párpados cada vez más pesados por el cálido abrazo de la facilidad mundana, particularmente no estamos preparados para combatir un fenómeno bastante nuevo en este país: el fenómeno de la intolerancia legal hacia una fe exclusiva como el cristianismo. Los crímenes de odio, que son cosas detestables, se describen cada vez más como el resultado inevitable de las expresiones odiosas. Un discurso que otros vean como una incitación a la violencia, incluso la violencia no física, se considera cada vez más como perturbador y malo para la sociedad. La condena de la homosexualidad se considera incitación a la violencia particular contra las personas. Se está preparando el terreno a nivel local, estatal y federal por igual para hacer que las declaraciones que condenen la homosexualidad o incluso las que nieguen la verdad de las otras religiones se puedan clasificar como discurso de odio.

En resumen, cualquier declaración que se pueda probar que es calumniosa ha de ser clasificada como ilegal. Los cristianos, que por tanto tiempo han dominado la escena en los Estados Unidos, y al menos han sido ampliamente tolerados en occidente, están comenzando a enfrentar la posibilidad de vivir en un mundo que no acepta con mucha facilidad nuestras libertades para hacer ciertas afirmaciones y negaciones. Como pastores, estamos en el frente de batalla en cuanto a este cambio, y si usted no se da cuenta de eso ahora, lo va a ver en los próximos años.

¿Qué hacemos cuando se nos dice que es ilegal decir que otra religión es falsa o que la homosexualidad está mal? Usted puede decir: «Bueno, Mark, eso está en tu mente, porque eres pastor en el Capitolio, en Washington DC. Un tercio de tu congregación se compone de abogados». Amigo, me gustaría que esa fuera la única razón por la que debiéramos pensar en esto, pero ya hay muchos lugares alrededor del mundo donde se imponen estas amenazas. Hay que recordar que muchos de nuestros hermanos y hermanas en la actualidad se enfrentan a la opresión, ya sea de los católicos romanos en América Latina, de los nacionalistas hindúes en la India, de los musulmanes, de los comunistas o de los secularistas. Es justo decir que, aun mientras disfrutamos de la libertad de reunión en este país, no existe tal libertad para los cristianos en muchos otros lugares alrededor del mundo.

Sin embargo, ¿qué pasa si nuestras leyes aquí en Estados Unidos se vuelven como las de la mayoría de las naciones alrededor del mundo hoy? ¿Qué pasa si hay más intolerancia pública hacia nuestra fe que haga difícil tener una reunión pública? ¿Qué debemos hacer?

El ejemplo de Daniel
Hallamos nuestra respuesta en el Antiguo Testamento y hay pocas porciones de la Biblia que sean tan instructivas para nosotros en este asunto como el libro de Daniel. La mayoría de los cristianos están

familiarizados con al menos la primera mitad de este libro, ya que está lleno de historias famosas extraídas normalmente por los padres que quieren evitar que sus hijos sigan la corriente. En el capítulo 1, Daniel defendió su dieta. En los capítulos 2 al 6 defendió su fe. Estos capítulos están llenos de drama humano y valor frente al peligro, verdad en respuesta a las amenazas, fidelidad inflexible en lugares llenos de tentaciones como el poder y la riqueza. En estos capítulos biográficos de Daniel, usted tiene dos cercos, cuatro reyes, y un montón de sueños y visiones. El resto del libro, capítulos 7 al 12, ya no sigue con la historia de Daniel, sino que se centra en presentar los informes de este acerca de sus visiones. Aquí nos enfocaremos en los primeros seis capítulos.

Tan vívida como es la historia de Daniel, a menudo es malentendida. A menudo se interpreta y se aplica como un manual religioso de «cómo tener éxito». En verdad, hay mucho que podemos aprender del ejemplo de Daniel. En el capítulo 1, Jerusalén estaba sitiada por el rey más poderoso del antiguo Cercano Oriente, el emperador babilonio Nabucodonosor. Daniel fue llevado cautivo siendo joven, tal vez incluso adolescente. Una vez en Babilonia, fue seleccionado para un programa especial, de modo que pudiera ser entrenado como consejero del rey. Tuvo éxito y fue tratado con buenos ojos por los encargados. Se le permitió consumir su comida preferida para que no se convirtiera en inmundo ceremonialmente, de acuerdo a su propia religión, y ganó gran conocimiento y entendimiento.

En el capítulo 2, el rey Nabucodonosor formuló una exigencia imposible a sus sabios con respecto a una visión que había tenido. Solo Daniel fue capaz de describir la visión e interpretarla para el rey. El resto de la historia en estos primeros seis capítulos continúa en la misma línea, con Daniel siendo extraordinariamente fiel y un modelo de prosperidad al mismo tiempo. Mostró una fidelidad sobresaliente cuando se enfrentó a la oposición real y, sin embargo, siempre prosperó.

El propósito de Daniel

Por supuesto, esto no solo es una historia acerca de Daniel. Si uno revisa los antecedentes de Daniel 1:2, ve que la conquista de Jerusalén por Nabucodonosor fue posible gracias a que Dios lo permitió. Aunque pudiera parecer que el Dios de Judá había sido derrotado, este versículo deja claro que fue el Señor quien entregó a Jerusalén en manos de los babilonios. Y el funcionario que mostró favor a la restricción dietética de Daniel fue inducido por Dios (v. 9). En cuanto a que Daniel ganara comprensión, vemos que fue Dios quien le dio el conocimiento y la sabiduría (v. 17). Daniel sirvió en la corte como un hombre prudente y como asesor durante casi setenta años después de ser deportado a Babilonia. Eso es más largo que la carrera pública de Winston Churchill, y también fue el resultado del favor de Dios. En cuanto a la interpretación de Daniel acerca del sueño de Nabucodonosor, leemos que el misterio le fue revelado en una visión que vino de Dios. Incluso el propósito del sueño y su interpretación era mostrar a Nabucodonosor que su poder procedía de Dios: «El Dios del cielo te ha dado reino, poder, fuerza y majestad» (2:37-38).

No sabemos exactamente cuándo le llegó esa visión a Nabucodonosor. Y vemos que el rey no le dijo a los astrólogos de qué trataba su sueño, porque si les hubiera dicho, entonces no sabría si él podía confiar en su interpretación. Sin embargo, los astrólogos se manifestaron en contra de la demanda de Nabucodonosor. Leemos en Daniel 2:10 que alegaron lo siguiente: «No hay hombre sobre la tierra que pueda declarar el asunto del rey; además de esto, ningún rey, príncipe ni señor preguntó cosa semejante a ningún mago ni astrólogo ni caldeo». Tenían razón, solo el Dios verdadero podría revelar esa visión y su significado. Daniel aceptó esa tarea imposible porque sabía que Dios era capaz.

«Respondió el rey y dijo a Daniel, al cual llamaban Beltsasar: ¿Podrás tú hacerme conocer el sueño que vi, y su interpretación? Daniel respondió delante del rey, diciendo: El misterio que el rey demanda, ni sabios, ni astrólogos, ni magos ni adivinos lo pueden revelar al rey. Pero hay un Dios en los cielos, el cual revela los misterios, y él ha hecho saber al rey Nabucodonosor lo que ha de acontecer en los postreros días» (Daniel 2:26-28).

El mensaje de este libro es que Dios hace que sus fieles sobrevivan y ese es el mensaje que los pastores necesitan escuchar.

Con seguridad que nosotros, junto con todos los lectores de esta historia en los últimos milenios, admiramos la osadía de Daniel y su deseo de pararse firme por la verdad. Pero, ¿es este el meollo de estas historias en Daniel? Quiero que nos fijemos en Daniel como un ejemplo, pero de una manera diferente a la que a menudo se enseña en la escuela dominical. Quiero ver a Daniel más como un ejemplo de lo que Dios hace con la fe. El mensaje de este libro es que Dios hace que sus fieles sobrevivan y ese es el mensaje que los pastores necesitan escuchar. Veremos tres lecciones que podemos aprender de los primeros seis capítulos de Daniel.

Lecciones que aprender de Daniel

Dios es nuestra esperanza

La primera lección que debemos aprender es que Dios es nuestra única esperanza. El libro de Daniel expone el mito del mundo sin Dios que dice que nos dejaron sin esperanza en este mundo. No importa si usted es un refugiado de una nación derrotada, una minoría religiosa bajo una sentencia de muerte injusta, si sus amigos están siendo perseguidos y ejecutados, si es llamado a hablar temas difíciles a los que están por encima de usted y posicionados en el poder, o si usted es un pastor con la espalda contra la pared, todavía tiene esperanza y esa esperanza es en Dios, que es el verdadero soberano del mundo. Usted no se pone a merced de una elección o de una legislación, porque Dios es el que es soberano.

La fidelidad de Dios es la explicación para la supervivencia y la prosperidad de Daniel. A lo largo del libro de Daniel se confirma que Dios es poderoso y que tiene el control. En verdad vemos el poder de Dios en la maravillosa historia de Sadrac, Mesac y Abed-nego. Hemos leído la respuesta de ellos a Nabucodonosor en Daniel 3:17: «He aquí nuestro Dios a quien servimos puede librarnos del horno de fuego ardiendo; y de tu mano, oh rey, nos librará». Incluso Nabucodonosor se refirió a Dios como el «Altísimo» (v. 26). En el versículo 28 leemos la proclamación del rey: «Bendito sea el Dios de ellos, de Sadrac, Mesac y Abed-nego, que envió su ángel y libró a sus siervos que confiaron en él, y que no cumplieron el edicto del rey, y entregaron sus cuerpos antes que servir y adorar a otro dios que su Dios». La característica central de este libro, por tanto, no es la fidelidad de Daniel, sino la fidelidad de Dios. Si usted entiende esta verdad, entonces será una noticia maravillosa para su alma.

Antes de que Nabucodonosor condenara a Sadrac, Mesac y Abed-nego, parece que ya había olvidado por completo las lecciones que aprendiera antes, cuando tuvo el sueño perturbador. En el versículo 15 Nabucodonosor bramó: «¿Qué dios será aquel que os libre de mis manos?» Entonces tenemos esa respuesta asombrosa que acabamos de leer en Daniel 3:16-18: Sadrac, Mesac y Abed-nego fueron fieles a Dios y confiaron en Él por completo. La suya fue una declaración segura, confiada, humilde y gozosa como la que los cristianos perseguidos deben decirles a sus perseguidores. Sabemos que nuestro Dios es soberano y que puede ejercer su soberanía en maneras que no entendemos en este momento, pero incluso si decide no salvarnos, es un Dios sabio y bueno y podemos confiar en Él.

Los amigos de Daniel hicieron evidente la confianza que nosotros como cristianos debemos tener. Fueron condenados a una muerte ardiente: «Entonces Nabucodonosor se llenó de ira, y se demudó el aspecto de su rostro contra Sadrac, Mesac y Abed-nego, y ordenó que el horno se calentase siete veces más de lo acostumbrado» (3:19). El horno estaba tan caliente que las llamas mataron a los hombres que ataron y echaron dentro del horno a Sadrac, Mesac y Abed-nego. Allí, en aquel horno de fuego, el mismo lugar donde un poder terrenal como el de Nabucodonosor parecería estar en su punto máximo, el monarca vio los límites de su poder. Su poder terrenal fue desenmascarado por el Dios soberano, en cuyas manos está todo poder. Nabucodonosor estaba sorprendido, ya que en ese lugar que él pensó usar para mostrar su poder, en vez de eso, se dio cuenta de quién era el verdadero gobernante del mundo. Y después de ver el poder de Dios, lo alabó como el Dios verdadero.

Sin embargo, incluso esa convicción se desvaneció con el tiempo. En el capítulo 4, vemos que el orgullo del rey volvió a crecer. El marco histórico parece estar cerca del final del reinado de Nabucodonosor. Los comentaristas especulan que fue alrededor de 570 a.C., cuando la mayoría de sus proyectos de construcción se habrían terminado, y fue entonces que Nabucodonosor proporcionó un relato en el que el Señor le da una lección de humildad. El rey dijo: «Conviene que yo declare las señales y milagros que el Dios Altísimo ha hecho conmigo. ¡Cuán grandes son sus señales, y cuán potentes sus maravillas! Su reino, reino sempiterno, y su señorío de generación en generación» (vv. 2-3). Luego, en el versículo 17: «El Altísimo gobierna el reino de los hombres, y [...] a quien Él quiere lo da». Daniel hizo eco de esta declaración en el versículo 25: «El Altísimo tiene dominio en el reino de los hombres, y [...] lo da a quien él quiere». Nabucodonosor cerró el capítulo diciendo, «Bendije al Altísimo, y alabé y glorifiqué al que vive para siempre, cuyo dominio es sempiterno, y su reino por todas las edades» (v. 34). Nabucodonosor ofreció alabanza al Altísimo.

Usted pudiera pensar que dado que no es el emperador de un gran imperio sino el pastor de una pequeña iglesia, el orgullo no puede residir en su corazón. No es cierto. Nabucodonosor se enorgullece aquí. Es posible que haya podido capturar a Jerusalén, pero el Dios de Jerusalén todavía era irrefutablemente soberano sobre él, incluso en la captura. Nabucodonosor pudo haber tenido un largo reinado, pero Dios tiene un reino que no tendrá fin. Nabucodonosor pudo haber construido una de las grandes maravillas del mundo antiguo, pero Dios fue quien hizo al mundo.

Es simplemente falso y distorsionador cuando comenzamos a pensar en nosotros mismos de una manera poderosa, porque no somos nuestra mejor esperanza para nosotros mismos, ¡Dios lo es! No hay utopía en este mundo caído. Hay esperanza para la eternidad a través de la vida, muerte y resurrección de nuestro Señor Jesucristo. A través de Cristo, Dios viene a ser nuestra esperanza tal como ha sido la esperanza y la ayuda de otros. Eso me recuerda la carta que escribió Adoniram Judson a Luther Rice cuando estaba tratando de recaudar dinero para las misiones cristianas. Judson estaba en el extranjero y Rice estaba recibiendo quejas de que el trabajo misionero de Judson tenía pocas esperanzas y no era lógica. Judson escribió: «Si preguntan de nuevo: "¿Qué perspectivas de éxito final hay?" diles: "Tantas como que hay en Dios todopoderoso y fiel que llevará a cabo sus promesas, nada más"».

Amigo, la única esperanza que tenemos hoy no es nuestra integridad, nuestro trabajo arduo, nuestra fortuna, nuestra astucia ni, incluso, nuestro valor. Nuestra única esperanza es la misma que la de Daniel: Dios mismo. Este libro es para recordarnos que solo Dios nos puede dar la fe y la fidelidad que necesitamos. Es cuando hemos agotado nuestras propias fuerzas que estamos entonces en el lugar perfecto para confiar en el Señor. Como en el horno de fuego por el que Sadrac, Mesac y Abed-nego pasaron o esa reunión de diáconos por la que usted acaba de pasar, recuerde, usted es un hijo de Dios. No se desespere, al contrario, percátese de que Dios está construyendo un escenario en el cual pueda dejar en claro su poder y su fidelidad. Por favor, recuerde eso en su ministerio. Recuerde enseñarle esto a sus seguidores y recuerde desmantelar sus esperanzas falsas y engañosas. Libérelos de mentiras y sírvales emancipándolos del error con el mensaje de estos capítulos que nos dicen que Dios es nuestra única esperanza.

Usted puede sobrevivir a la oposición

Una segunda lección que aprendemos en Daniel 1—6 es que se puede sobrevivir a la oposición. La supervivencia de Daniel está destinada a ser una inspiración para nosotros más que una guía de instrucciones para hacer algo. Daniel debe ser una motivación para la esperanza que necesitamos. Además, ¡es sorprendente ver a Daniel sobrevivir tanto tiempo como lo hizo! Los reyes a los que sirvió tenían un poder muy grande, eran monarcas absolutos, no tenían control de ningún parlamento ni de la población, ni influencia de la prensa ni de las encuestas. Sin embargo, Daniel sobrevivió al rey que destruyó su ciudad natal, el que lo llevó al exilio y que incluso lo condenó a muerte.

En el capítulo 5 vemos a Daniel, probablemente el único sobreviviente de la corte del rey, todavía dentro de la órbita gobernante en el año 539 a.C., solo que es evidente que el monarca no es el mismo. El rey ahora es Belsasar, el que tembló cuando vio la mano que escribía un mensaje en la pared. Belsasar le prometió a Daniel que si podía interpretar adecuadamente la escritura, lo convertiría en el tercer señor del imperio. El motivo de que fuera la tercera posición se debía a que el emperador de Babilonia era Nabonido y Belsasar era su hijo. Debido a que Nabonido todavía estaba vivo, Belsasar era considerado el número dos en el reino. Así que, ofreciéndole a Daniel el tercer lugar en el reino, Belsasar estaba dándole el lugar más alto del que disponía.

En ese momento Daniel se acercaba a los ochenta años. Y le respondió con el valor que da el hecho de aproximarse a la muerte: «Tus dones sean para ti, y da tus recompensas a otros» (5:17). Entonces, se enfrentó al rey:

> Y tú, su hijo Belsasar, no has humillado tu corazón, sabiendo todo esto; sino que contra el Señor del cielo te has ensoberbecido, e hiciste traer delante de ti los vasos de su casa, y tú y tus grandes, tus mujeres y tus concubinas, bebisteis vino en ellos; además de esto, diste alabanza a dioses de plata y oro, de bronce, de hierro, de madera y de piedra, que ni ven, ni oyen, ni saben; y al Dios en cuya mano está tu vida, y cuyos son todos tus caminos, nunca honraste (vv. 22-23).

Daniel explicó entonces la escritura en la pared, que era una acusación por parte del Señor: «Esta es la interpretación del asunto: MENE: Contó Dios tu reino, y le ha puesto fin. TEKEL: Pesado has sido en balanza, y fuiste hallado falto. PERES: Tu reino ha sido roto, y dado a los medos y a los persas» (5:26-28). Lo más sorprendente es que después de que todo eso sucedió, Daniel prosperó una vez más. Corrió el inusual riesgo de hablarle con sinceridad al rey. Y, más tarde esa noche, no fue Daniel quien fue herido de muerte; fue Belsasar. Leemos en Daniel 5:30: «La misma noche fue muerto Belsasar rey de los caldeos». Darío de Media tomó su lugar. A pesar de que el imperio de Babilonia había llegado a su fin, Daniel, una vez más, no solo sobrevivió a un emperador, sino a todo un imperio.

Atesoremos el evangelio y resolvamos de nuevo difundir las buenas nuevas de Jesucristo a nuestro alrededor, porque así es como vamos a sobrevivir en este mundo y en el siguiente.

Como pastor, ¿no ve en todo esto que no existen circunstancias mundanas que usted vaya a enfrentar alguna vez que puedan drenar y secar su esperanza? Toda oposición al pueblo de Dios, ya sea en esta vida o en la próxima, va a terminar. Por lo tanto, trabajemos para mantener nuestra esperanza en el evangelio. Tratemos de sacar nuestras esperanzas de donde estén y pongámoslas todas en el evangelio. Cuando mantenemos nuestras esperanzas en los asuntos terrenales, las mantenemos a nuestro propio riesgo. Ellas están o bien truncadas, o peor que eso, parecen tener éxito y por lo tanto nos distraen. Jesús dijo: «Porque donde está vuestro tesoro, allí estará también vuestro corazón» (Lucas 12:34). Vamos a atesorar el evangelio y vamos a resolver de nuevo difundir las buenas nuevas de Jesucristo a nuestro alrededor, porque así es como vamos a sobrevivir en este mundo y en el siguiente.

La oposición vendrá

La tercera lección es que usted va enfrentar oposición. El libro de Daniel revela el mito de que vivimos en un mundo amoral. De hecho, el mundo está tan caído que es normal para el piadoso enfrentar oposición; el trato de Dios con Daniel nos recuerda esa realidad. Pastor, ¡despierte! Usted enfrentará oposición. Esto no lo oye usted desde los púlpitos evangélicos ni en las iglesias en Estados Unidos. A veces temo que, cuando se trata de fe, los cristianos se parecen mucho a los vendedores de automóviles usados. Señalan lo bueno, encubren los puntos difíciles, y no lucen como Jesús en los evangelios o los apóstoles en el libro de los Hechos.

Daniel continuó sufriendo persecución, incluso en los últimos años de su vida. El hombre había sobrevivido a tres reyes y aún enfrentaba oposición. No está claro exactamente cuándo murió Daniel, pero los acontecimientos del capítulo 6 deben haber ocurrido casi al final de su vida. Fue en ese momento que el imperio de Babilonia cayó, pero Daniel continuó prosperando. Leemos en Daniel 6:1-2: «Pareció bien a Darío constituir sobre el reino ciento veinte sátrapas, que gobernasen en todo el reino. Y sobre ellos tres gobernadores, de los cuales Daniel era uno». Es un imperio totalmente diferente y, sin embargo, Daniel ocupa todavía la posición más alta. El versículo 3 continúa: «Pero Daniel mismo era superior a estos sátrapas y gobernadores, porque había en él un espíritu superior; y el rey pensó en ponerlo sobre todo el reino». Daniel tenía unos setenta años de edad o más, y el rey planeó ponerlo sobre todo el reino.

Sin embargo, como suele ser el caso, había hombres sin principios que estaban dispuestos a desafiar a Daniel y a hacerle daño. Daniel 6:5

revela el pensamiento de ellos: «No hallaremos contra este Daniel ocasión alguna para acusarle, si no la hallamos contra él en relación con la ley de su Dios». Y lo mismo sucede todavía. Debemos entender que vivimos en un mundo caído y no podemos esperar una utopía ni un gobierno perfecto. Aunque la virtud puede impedir que seamos perseguidos por hacer el mal y es encomiable que trabajemos con nuestro coraje e integridad, como lo hizo Daniel, el hecho de que somos justos no nos garantiza que podremos evitar las pruebas.

Esta generación de ministros evangélicos está llamada a calafatear el arca antes del diluvio del juicio de Dios sobre nuestra tierra. Usted debe enseñar a los creyentes que enfrentarán oposición en un mundo caído. No le venda a la gente panaceas con el fin de crear una prosperidad aparente en su iglesia. Usted está llamado a enseñarle a su gente acerca de la caída y las consecuencias de ella. A los pastores que son de otros lugares del mundo les desconcertará que eso sea noticia o que alguien pudiera estar sorprendido por ello, puesto que han vivido en circunstancias mucho más difíciles.

La libertad y la prosperidad material en Estados Unidos, a pesar de que ha sido una bendición obvia de Dios, paralizan a la iglesia en ciertos aspectos. Hay que prepararse mediante la lectura del libro de Daniel, entendiendo que incluso el más virtuoso enfrentará oposición. El mundo caído está tan torcido que cuando Dios mismo apareció en la carne, fue acosado, perseguido y crucificado. Pero hay buenas noticias: Si va a leer el resto de Daniel y las visiones de los capítulos 7 al 12 verá que, en última instancia, Dios gana.

Un elemento constante en esas visiones es que los santos están bajo ataque en este mundo. Por ejemplo, leemos en Daniel 7:21: «Y veía yo que este cuerno hacía guerra contra los santos, y los vencía». Por otra parte: «Y hablará palabras contra el Altísimo, y a los santos del Altísimo quebrantará» (7:25). El capítulo 8 revela lo siguiente acerca del sufrimiento para el pueblo de Dios:

Y se engrandeció hasta el ejército del cielo; y parte del ejército y de las estrellas echó por tierra, y las pisoteó. Aun se engrandeció contra el príncipe de los ejércitos, y por él fue quitado el continuo sacrificio, y el lugar de su santuario fue echado por tierra.

Y a causa de la prevaricación le fue entregado el ejército junto con el continuo sacrificio; y echó por tierra la verdad, e hizo cuanto quiso, y prosperó. Entonces oí a un santo que hablaba; y otro de los santos preguntó a aquel que hablaba: ¿Hasta cuándo durará la visión del continuo sacrificio, y la prevaricación asoladora entregando el santuario y el ejército para ser pisoteados? Y él dijo: Hasta dos mil trescientas tardes y mañanas; luego el santuario será purificado (10-14)

La interpretación se encuentra en los versículos 24-25:

Y su poder se fortalecerá, mas no con fuerza propia; y causará grandes ruinas, y prosperará, y hará arbitrariamente, y destruirá a los fuertes y al pueblo de los santos. Con su sagacidad hará prosperar el engaño en su mano; y en su corazón se engrandecerá, y sin aviso destruirá a muchos; y se levantará contra el Príncipe de los príncipes, pero será quebrantado, aunque no por mano humana.

Desde este exilio que el pueblo de Dios estaba soportando hasta las diversas pruebas que se mencionan en Daniel 9, es claro que ser pueblo de Dios no será un paseo por el parque. Los gobernantes poderosos mostrarán favor a los que abandonen a Dios. Las tentaciones y las dificultades se multiplicarán. La presión será ejercida sobre los que han sido fieles a Dios y muchos perderán sus vidas. En Daniel 12:7 leemos: «… cuando se acabe la dispersión del poder del pueblo santo». Mi intención no es entrar en la escatología particular de estos versículos porque podemos entender que se refieren a una tribulación final. Lo que es evidente es que desde la cruz de Cristo hasta su regreso, el mundo estará en enemistad con Dios.

Por nuestra propia naturaleza, no nos gusta y queremos evitar las pruebas. Sin embargo, el verdadero cristianismo no pretende librar de sufrimiento en el tiempo presente. Usted tendrá pruebas como cristiano; vemos en el libro de los Hechos que para los primeros cristianos eran lo normal. Jesús dijo: «Acordaos de la palabra que yo os he dicho: El siervo no es mayor que su señor. Si a mí me han perseguido, también a vosotros os perseguirán» (Juan 15:20). Nuestra situación actual de persecución casi invisible es realmente inusual en la historia del cristianismo, incluso entre los cristianos que viven en otras partes del mundo hoy. Por lo tanto, le advierto que no se sienta cómodo. La comodidad mundana solo sirve para hacer cavidades en nuestras almas, para debilitarnos, para engañarnos y para desviar nuestros esfuerzos.

Algunos piensan que maniobrar correctamente en la política puede ayudar al cristianismo a evitar el sufrimiento. Aun cuando la política es una noble vocación y muchos males se han aliviado por esa obra pública, en nuestro mundo caído los políticos cristianos no serán más capaces de eliminar la persecución que los médicos cristianos de eliminar la muerte. Estamos en un mundo caído en enemistad con Dios, y nuestros hermanos y hermanas en la política no pueden prometer menos persecución. El día que no sufrimos por seguir a Cristo es un día extraño. Por lo tanto, no hemos de huir del dolor y el sufrimiento, sino caminar con Dios a través de esos tiempos de prueba y dejar que nos enseñe cómo convertir cada pizca de sufrimiento en un aprendizaje positivo acerca de las profundidades del amor de Dios.

Le garantizo que Sadrac, Mesac y Abed-nego tuvieron más confianza en Dios la noche después de que los arrojaron al horno de fuego. Asimismo, el cáncer, la cirugía, el desempleo, la muerte, el duelo y las relaciones rotas van a ayudar al individuo a ver algo de las riquezas que Dios ha consagrado al fortalecimiento de la fe del creyente. La persecución y las pruebas son plataformas que Dios ha construido para mostrar su poder, suficiencia y bondad hacia su pueblo.

Su congregación es un tesoro de sufrimientos, desde artritis hasta soledad, desde duelo hasta confusión. Y Dios le permite a usted ser un testimonio vivo al tenerlo a Él, confiar en Él y saber que ser su hijo es mejor que tener matrimonios felices, o un sinfín de amistades terrenales, o incluso la tolerancia legal de los cristianos. Conocer a Cristo es mejor que todo lo demás.

Consagrarnos a la gloria de Dios por encima de nuestra propia voluntad normalmente traerá sufrimiento en este mundo. Pedro escribió:

Pues ¿qué gloria es, si pecando sois abofeteados, y lo soportáis? Mas si haciendo lo bueno sufrís, y lo soportáis, esto ciertamente es aprobado delante de Dios. Pues para esto fuisteis llamados; porque también Cristo padeció por nosotros, dejándonos ejemplo, para que sigáis sus pisadas; el cual no hizo pecado, ni se halló engaño en su boca; quien cuando le maldecían, no respondía con maldición; cuando padecía, no amenazaba, sino encomendaba la causa al que juzga justamente (1 Pedro 2:20 23)

¿Es esto lo que se espera cuando alguien se convierte en cristiano? ¿Es esto lo que se aguarda cuando alguien entra en el ministerio? Es de vital importancia que considere sus expectativas con mucho cuidado, ya que las expectativas erróneas son un peligro para las almas. Deje que sus expectativas sean determinadas por lo que Dios promete en su Palabra. Tenga en cuenta todas las pruebas que Daniel enfrentó a pesar de que era un hombre bendecido. La forma de prepararse para las pruebas es crecer en su amor por Cristo.

A pesar de que queremos vivir de tal manera que agrademos a las personas que nos rodeen, no podemos esperar que eso suceda. En especial si los tribunales respaldan ciertos tipos de legislación con respecto a las expresiones de odio, no podemos sorprendernos mucho si los pastores son acusados de delitos de carácter público de la forma en que lo han sido en Canadá, Australia, Noruega, Inglaterra y en otros lugares por no hacer otra cosa que no sea predicar la Biblia. Si hay personas en el pastorado que están esperando la prosperidad mundana, entonces deben salir ahora antes de que sean pública y eternamente avergonzados. Sin embargo, vamos a soportar todas las circunstancias cuando encontramos algo que amamos más que las alabanzas y la prosperidad de este mundo.

Un ejemplo de aflicción

Tuve la alegría de escuchar a J. Smith hace poco en Manhattan. Smith es un evangelista estadounidense que vive en Londres y ministra entre los musulmanes. Él va a la esquina del Hyde Park para debatir con los musulmanes y se para sobre una caja de jabón para declarar la verdad. Él nos dijo que algunos de los individuos que fueron declarados culpables en los atentados del metro de Londres eran caras conocidas que solían estar entre la multitud a la que le hablaba periódicamente en la esquina del Hyde Park. Después del bombardeo, les preguntó a los musulmanes que se habían reunido alrededor de él: «¿Cuántos de ustedes piensan que lo que estos chicos hicieron fue algo bueno?» Alrededor de 30 personas levantaron la mano. Luego dijo: «¿Cuántos de ustedes quieren hacer esto por sí mismos?» Casi 15 personas alzaron la mano. Smith nos dijo a los que estábamos allí reunidos: «Nosotros, los cristianos, deberíamos estar dispuestos a ser muertos. Mi esposa sabe que algún día me van a matar por el trabajo que hago». Amigo, ¿puede imaginarse tener ese tipo de mentalidad? Creo que Daniel lo tenía. Y espero que usted también lo tenga; que esté dispuesto a soportar la oposición fielmente porque posee la máxima esperanza de pasar la eternidad con su Salvador.

ORACIÓN

Señor, te damos gracias por tu ejemplo al soportar la persecución. Aun más, Señor, te damos gracias porque te persiguieron por nosotros y por soportar la ira que merecemos nosotros. Sabemos que nunca sufriremos todo el peso de la persecución que merecemos debido a tu bondad y tu amor maravilloso para con nosotros en Cristo. Te pedimos que nos des fuerza, que eduques nuestros corazones e inflames nuestra vida de amor por ti, por encima de todas las cosas. Oramos en el nombre de Jesús, amén.

El líder y su rebaño

«Apacentad la grey de Dios que está entre vosotros,
cuidando de ella, no por fuerza, sino voluntariamente;
no por ganancia deshonesta, sino con ánimo pronto».

1 Pedro 5:2

7

EL LÍDER Y SU REBAÑO

Rick Holland

1 Pedro 5:1-4

La Primera Epístola de Pedro capítulo 5, versículos 1 al 4 es territorio familiar para todo aquel que está en el ministerio. En cuatro versículos sencillos recibimos Teología Pastoral elemental hasta llegar al doctorado, y aprendemos lo que significa ser ministro, líder, supervisor y pastor de ovejas:

Ruego a los ancianos que están entre vosotros, yo anciano también con ellos, y testigo de los padecimientos de Cristo, que soy también participante de la gloria que será revelada: Apacentad la grey de Dios que está entre vosotros, cuidando de ella, no por fuerza, sino voluntariamente; no por ganancia deshonesta, sino con ánimo pronto; no como teniendo señorío sobre los que están a vuestro cuidado, sino siendo ejemplos de la grey. Y cuando aparezca el Príncipe de los pastores, vosotros recibiréis la corona incorruptible de gloria.

Simbolismo de las ovejas y los pastores

La Biblia es un zoológico. Está lleno de animales y es lo que debería ser, porque la variedad de animales habla de la creatividad de nuestro Señor y Salvador, Jesús, el agente de la creación. La Biblia menciona más de setenta tipos de animales. El Antiguo Testamento contiene ciento ochenta palabras para hacer referencia a los animales, mientras que el Nuevo Testamento tiene unas cincuenta. Hay animales limpios e inmundos, animales domesticados y bestias salvajes. Hay reses, cabras, caballos, camellos, burros, cerdos, perros, culebras, ranas, osos, leopardos, leones, zorras, chacales, lobos, peces, gorriones, águilas, buitres, gusanos, orugas, langostas y hasta leviatanes y monstruos.

De todos los animales, la oveja es la que más se menciona en la Biblia, con más de 400 referencias. Eso es por una buena razón: las ovejas eran parte central de la economía de Israel. Las criaban por la leche, la carne y la lana. Las ovejas eran también parte central del sistema sacrificial. Debido a que eran tan esenciales, también debía haber pastores. Y si usted quiere comprender las referencias simbólicas en la Biblia de la gente que pastorea, entonces es vital que entienda el trabajo de un pastor en el antiguo Cercano Oriente.

Las condiciones y prácticas de los pastores entonces eran muy diferentes de lo que son ahora. No había cercas y las ovejas no podían dejarse solas dentro de un cercado. Así que, eran completamente dependientes de sus pastores, los cuales eran responsables de proteger su rebaño de depredadores, protegiéndolas del calor y el frío amenazantes, y guiándolas a pastos con los que se pudieran alimentar y donde pudieran pastar. En resumen, el pastor era el proveedor, el protector, el guía y la autoridad. Sobre todo, el pastor era el compañero constante de sus ovejas.

Aunque los pastores eran vitales, no eran estimados por la población en tiempos bíblicos. Eran vistos como una clase rara puesto que llevaban una vida nómada en el desierto. Su único propósito era el cuidado de su rebaño. Eran obreros muy trabajadores. Sin embargo, esos hombres eran también especiales y respetados a cierto nivel. Todo el mundo sabía que el bienestar de las ovejas, así como el del sistema sacrificial mismo, se debía a la fidelidad de esos pastores.

Esta lección sobre la cría de ovejas es necesaria ya que entender la tarea de un pastor de ovejas es esencial para comprender el imperativo pastoral delante de nosotros en 1 Pedro 5:1-4. En el versículo 2, Pedro instruye a los líderes espirituales a «apacentad la grey de Dios». La orden es que sea pastor y apaciente la grey de Dios. La mayoría de los diccionarios y enciclopedias que consulté acerca del pastoreo hacen mención a la estupidez de las ovejas. Las ovejas no sobreviven muy bien a menos que estén protegidas. Si se dejan solas o sujetas al más mínimo depredador, no van a sobrevivir. Las ovejas no pueden encontrar su camino de regreso al redil, aun cuando esté a la vista. Algunos han visto ovejas que caen al precipicio simplemente porque estaban imitando a otras ovejas.

Por lo tanto, aun cuando este texto nos parezca familiar, es demasiado fácil enfocarnos en la gente que pastoreamos como faltos de inteligencia, dependientes o propensos a divagar. Es demasiado fácil olvidarnos de algo muy importante. *Nosotros también somos ovejas.* Cuando un hombre se convierte en pastor, no se transforma en un copastor de Dios; más bien, se convierte en el perro ovejero. Porque el término *copastor* es un halago demasiado grande. Como pastores, somos perros ovejeros que Dios envía a las tierras de pastoreo para que arreemos y cuidemos de su rebaño. Nosotros también somos esas ovejas «faltas de inteligencia» y «dependientes».

> Dios es el máximo pastor de su pueblo y nos ha
> llamado gentilmente a ayudar con este trabajo.

El propósito de Dios para el ministerio pastoral se ilustra con la imagen de un pastor de ovejas. Es una metáfora que Él usa más que ninguna otra ilustración en la Biblia concerniente a la supervisión espiritual. En Jeremías 3:15, el profeta echa este fundamento diciendo: «Y os daré pastores según mi corazón». Dios está hablando acerca del gran día cuando el Mesías establezca su reino. ¿Cómo sabremos que estos pastores son según el corazón de Dios? La siguiente frase nos dice: «que os apacienten con ciencia y con inteligencia». El modelo pastoral de Dios es un pastor que es según su corazón. Este pasaje proporciona la lente a través de la cual se vean otros pasajes acerca del pastoreo; el pastor fiel mira a Dios, su Pastor, y pastorea como Dios lo hace. Dios es el máximo pastor de su pueblo y nos ha llamado gentilmente a ayudar con este trabajo.

Las realidades del ministerio pastoral

En 1 Pedro 5:1-4, el apóstol nos muestra lo que significa ser un pastor líder. Permítame advertirle: Esto no es para cobardes. El ministerio pastoral no es para flojos. El ministerio pastoral no es una alternativa social para otro trabajo en el mundo. Es uno de los esfuerzos más difíciles, rigorosos, meticulosos y demoledores que cualquier ser humano puede emprender. Este pasaje trata acerca de promover al Gran Pastor mientras disminuye nuestro papel como pastores.

En este pasaje, observamos tres realidades aleccionadoras del ministerio pastoral, siendo la primera…

El ministerio pastoral es una responsabilidad seria

En el versículo 1 leemos: «Ruego a los ancianos que están entre vosotros, yo anciano también con ellos, y testigo de los padecimientos de Cristo, que soy también participante de la gloria que será revelada…» La exhortación de Pedro es muy específica al enfocarse en los ancianos. El término «anciano» significa literalmente alguien que es de más edad. Sin embargo, cuando usted estudia el campo semántico de esta palabra y su uso en la sociedad judía, «anciano» era alguien mayor en edad o en experiencia. Algunas veces había hombres más jóvenes que eran mayores en experiencia que los de más edad. Una vez alguien dijo: «No es el tiempo que hayas estado en la canoa lo que determina cuán lejos has ido a través del lago, sino cuán fuerte le has estado dando a los remos». Hay hombres más jóvenes en el ministerio que le dan bien duro a los remos.

Tres términos en este pasaje triangulan la visión y las responsabilidades de un líder de la iglesia: supervisor, pastor y anciano. El versículo 1 emplea «anciano», del término griego *presbuteros*; mientras que el versículo 2 usa la forma verbal del término griego *poimanate*, que significa «pastor de ovejas» o «pastor», y la palabra griega *episkopos*, que significa «ejercer supervisión». Estos tres títulos describen el oficio de un anciano, el cual debe ser maduro, sabio y tener voluntad así como habilidad para guiar.

Estos tres títulos no describen los diferentes tipos de hombres ni los diversos oficios o papeles, sino las características que deben converger en un líder espiritual. Es importante mencionar que aunque este pasaje se refiere a un oficio claramente delineado en las epístolas pastorales (1-2 Timoteo y Tito), hay personas que desempeñan el trabajo pastoral de «supervisión» como una extensión del amor de Dios por su rebaño sin jamás ocupar una oficina formal. Pablo tenía un entendimiento similar a estos tres términos. En Hechos 20:17-28, desplegó las mismas tres palabras —pastor, supervisor y anciano— de manera sinónima cuando les habló a los ancianos en Éfeso. Esto significa que estaba hablando de una oficina en sí.

Pedro escribió su primera epístola a un grupo de creyentes cuyas vidas estaban amenazadas por causa de su fe. Y hay lugares en el mundo hoy donde esta experiencia es la realidad de los cristianos. Yo nunca he sufrido persecución que amenace mi vida. Nunca he estado en una reunión de oración que fuera interrumpida por un toque en la puerta y temiera que los guardias de Nerón llegaran a arrestarme para llevarme ante los leones. Pero ese es el contexto cultural en el que vivían los lectores de Pedro.

Un rasgo notable de la carta de Pedro es que en vez de animar a sus lectores con un alivio temporal en medio de la persecución, enfatizó que el consuelo vendría con la muerte. Y hasta que eso sucediera, ellos debían ser fieles. Pero si su énfasis estaba en la fidelidad en medio de la persecución, entonces, ¿por qué hizo el cambio al final de su carta para discutir acerca de los ancianos? Pedro quería asegurarse de que cuando los receptores enfrentaran persecución y acusación, alguien estuviera supervisando sus vidas, ayudándolos a tener la perspectiva apropiada y llamándolos a obediencia. La persecución no era excusa para la desobediencia. Pedro también quería asegurarse de que los ancianos y los pastores no evitaran pastorear a la gente debido a la opresión en la que pudieran incurrir. Después de todo, ser pastor durante ese período era convertirse en un blanco aun más grande de la persecución.

Por esa razón es que Pedro comienza con la amonestación a reconocer la naturaleza seria del ministerio. El versículo 1 comienza con «ruego» lo cual hace volver al lector de nuevo a 1 Pedro 4:17-18, donde dice que el «juicio» comienza «por la casa de Dios». Por lo tanto, el peso y el juicio más estricto está sobre los líderes que están desarrollando la madurez de la casa de Dios. Además, este versículo contiene la descripción más extensa de Pedro en la epístola; «anciano también con ellos, y testigo de los padecimientos de Cristo». Pedro escogió identificarse a sí mismo no con una tarjeta de presentación apostólica, sino como un anciano compañero: «Yo soy como ustedes. Soy anciano como ustedes. Soy supervisor como ustedes. Soy pastor como ustedes». ¿En conclusión? Pedro no les estaba pidiendo a los ancianos y pastores que hicieran algo que él no estaba dispuesto a hacer. El sufrimiento es también para los líderes espirituales y Pedro entendía sus miedos, tentaciones y responsabilidades. Hay un principio importante aquí: Siempre son los líderes espirituales los que llevan primero el peso de la persecución. Pedro abrazó el llamado de Dios en su propia vida como líder de una iglesia, una vocación que a la larga lo conduciría a su martirio en Roma. Él no estaba pidiéndoles a los otros líderes que hicieran algo que él mismo no estuviera haciendo.

Pedro, curiosamente, escribió que era «testigo» de los padecimientos de Cristo. Algunos eruditos concluyen de esto que el autor de esta epístola no puede ser Pedro porque no estuvo presente en la cruz. Sin embargo, ¿cómo sabemos que Pedro no estaba observando a la distancia? Aunque no tenemos evidencia de que estuviera presente, tampoco la tenemos que no lo estaba. Tom Schreiner afirma: «Pedro observó a Cristo en su ministerio. Vio cómo se acumulaba la oposición contra Él, estaba presente cuando fue arrestado, y puede haber encontrado su camino a la cruz, incluso después de haberle negado».[1] Quizás sí, quizás no, pero no hay razón para usar esta frase a fin de dudar de que Pedro escribió esta epístola. Pedro presenció el resultado del sufrimiento de Cristo.

El punto principal aquí es tener cuidado. Asumir la posición y responsabilidad del liderazgo espiritual es hacerse vulnerable a las mismas fuerzas que mataron a Jesús. Piense en eso por un momento. Si tomamos a Pedro en serio, ser un líder espiritual es presentarnos a nosotros mismos como participantes vulnerables y en contra de esos mismos principados que estaban en guerra para poner a Cristo en la cruz. No solo las fuerzas demoníacas, sino también aquellos que odian la moralidad de nuestro Dios y la gloria de nuestro Salvador mismo. Y así, Pedro nos exhorta a reconocer que tenemos una gran responsabilidad.

El ministerio pastoral es una responsabilidad delegada

En los versículos 2 y 3, Pedro presentó la segunda realidad aleccionadora del ministerio pastoral: Es una responsabilidad delegada. Después de la resurrección, Pedro tuvo una entrevista inolvidable con el Señor resucitado a orillas del mar de Galilea. El mismo Pedro que cortó la oreja de una persona, corrió por su vida después de la crucifixión, y volvió a Galilea a pescar una vez más, ahora tenía la oportunidad de conversar con Jesús. Leemos en Juan 21:15: «Cuando hubieron comido, Jesús dijo a Simón Pedro: Simón, hijo de Jonás, ¿Me amas más que éstos?» Pedro debe haberse atragantado con su pescado al oír las palabras de Jesús. Este le preguntó de nuevo: «Simón, hijo de Jonás, ¿Me amas? Pedro le respondió: Sí, Señor; tú sabes que te amo. Le dijo: Pastorea mis ovejas» (v 16). Una vez más, el mismo verbo parece que se traduce como «para apacentar las ovejas». Así que le dijo a Pedro por tercera vez: «Simón, hijo de Jonás, ¿Me amas? Pedro se entristeció de que le dijese la tercera vez: ¿Me amas? y le respondió: Señor, tú lo sabes todo; tú sabes que te amo. Jesús le dijo: Apacienta mis ovejas» (v. 17).

En la mayoría de los libros que analizan este pasaje y en la mayoría de los sermones que he escuchado sobre este texto, el énfasis se pone sobre por qué se usan diferentes palabras griegas para amor. Yo he hecho eso también. Pero, ¿puedo sugerirle que ese no es el punto? Hay un imperativo repetido que debe tenerse en cuenta: «Si me amas, entonces pastorea a la gente». El punto es que apaciente a la grey del Señor, alimente a sus ovejas y pastoree a su pueblo. No se desvíe en el debate sobre el amor: ocúpese en el trabajo de apacentar el rebaño.

El mandato de Jesús a pastorear es una exhortación interesante puesto que es algo a lo que estamos llamados a ser y hacer. Efesios 4:11 dice: «Y él mismo constituyó a unos, apóstoles; a otros, profetas; a otros, evangelistas; a otros, pastores». La última palabra en el texto griego de este versículo es la misma que se traduce como «pastor de ovejas». C. H. Spurgeon dijo: «Con toda su madurez y firmeza, el Padre espiritual está lleno de ternura y manifiesta un amor intenso por las almas de los hombres».[2] Spurgeon continuó diciendo que este pastor «nació a propósito para cuidar de otros y su corazón no puede descansar hasta estar lleno de tal cuidado».[3]

De acuerdo a Efesios 4:11, pastorear personas es más que algo que usted hace. Es algo que lo define a usted. Fuimos «nacidos a propósito» para cuidar de otros. Y cuidar de otros siempre es una lucha abnegada contra nuestra propia carne. Al investigar en 1 Pedro capítulo 5, la primera frase en el versículo 2 es la más importante en todo el pasaje. Encontramos en ella una responsabilidad imposible: apacentar la iglesia, la cual es «la grey de Dios». Pedro no dijo: «Apacentad vuestra grey». Él dijo: «Apacentad la grey de Dios que está entre vosotros». Este es el rebaño de Dios, no el nuestro. Estas ovejas son corderos de Dios. Él nos manda a atenderlas para Él, a pastorearlas para Él, y a cuidar de ellas porque le pertenecen a Él.

Además, observe que el ministerio se localiza: este rebaño está «entre vosotros». Pedro no está hablando de la Internet o la blogosfera. Estoy agradecido por los sitios web y blogs; leo algunos diariamente y son muy útiles. Sin embargo, tenemos que tener cuidado de no descuidar el rebaño por estar participando con otros en la blogosfera, que no es la iglesia.

Pedro continuó desafiando a los pastores a «ejercer la supervisión». En el texto original griego, esta terminología se refiere a supervisores o líderes políticos que tenían todo el conocimiento o sabiduría de una ciudad, aldea o pueblo, porque ejercían la supervisión. Él se refería a un servicio que requiere una supervisión cuidadosa y sabia. Sin embargo, Pedro no era ingenuo. Él reconocía que hay tentaciones especiales vinculadas a la dirección espiritual, por lo que menciona tres pecados y tres antídotos a través de tres frases contrastantes.

No por fuerza

La primera advertencia es la de supervisar las ovejas no por fuerza, sino de acuerdo a la voluntad de Dios. Pedro escribió de esta manera: «cuidando de ella, no por fuerza», no porque usted se vea obligado, no porque alguien esté forzándolo a hacerlo, «sino voluntariamente», conforme a la voluntad de Dios. Nosotros pastoreamos a la gente no porque tengamos que hacerlo, sino porque queremos hacerlo. ¿Alguna vez ha escuchado a algún pastor hablar acerca de su llamado al ministerio diciendo: «Fui llamado al ministerio a regañadientes. No quería hacerlo, pero el Señor me agarró por el cuello y me lanzó al púlpito?» Cuando alguien dice eso, a menudo le quiero responder: «Yo no creo que fue Dios quien lo hizo».

El ministerio pastoral es algo que usted hace de buen agrado, algo para lo que usted nació, algo que usted desea hacer. Spurgeon decía que si usted es un pastor que no quiere estar en el ministerio, va a estar mejor siendo plomero. Dios no llama a los hombres al ministerio a regañadientes. En 1 Timoteo 3:1, Pablo escribió: «Si alguno anhela obispado, buena obra desea». ¿Quién quiere ser pastoreado por un pastor que dice: «Bueno, yo iba a ganar un millón de dólares, pero Dios me los dio a ustedes para que los pastoreara»? Debemos apacentar la grey voluntariamente.

No por ganancia deshonesta

Pedro siguió a la carga en cuanto a no servir bajo coacción con un desafío en relación con la motivación. Hemos de pastorear «no por ganancia deshonesta, sino con ánimo pronto» (1 Pedro 5:2). En otras palabras, no por beneficio financiero. Primera de Timoteo 3:3 nos informa que un obispo debe ser «no codicioso de ganancias deshonestas». Pablo le dijo a Tito con toda claridad que los obispos y los diáconos no deben ser codiciosos de ganancias deshonestas (1:7).

Es importante observar que 1 Timoteo proporciona instrucciones sobre la remuneración de los obispos que son dignos de doble honor por su enseñanza y su predicación. Los pastores pagados son parte de la economía de Dios. Usted no le pone bozal al buey; usted lo deja comer algunos de los frutos que está ayudando a cargar. Sin embargo, me molesta cuando escucho acerca de pastores y predicadores que cobran honorarios y requieren contratos cuando se les pide que hablen en una conferencia o en otro lugar. Si usted predica en los púlpitos de las iglesias o en conferencias, ¿dependerá su decisión de aceptar o no la invitación del honorario por predicar? ¿Considera usted el beneficio económico que pueda sacar debido a sus relaciones ministeriales? Usted sabe lo que es eso, usted es pastor, usted va a comer con alguien y hace un amago por tomar la factura. Usted espera que la otra persona extienda su mano para agarrarla para luego extenderla usted. Pague el almuerzo, no sea aprovechado. El enfoque principal de Pedro en su advertencia es que los pastores no se beneficien del ministerio, ya que eso lo adultera.

No señoreándose de las personas

Tercero, Pedro escribió: «No como teniendo señorío sobre los que están a vuestro cuidado, sino siendo ejemplos de la grey» (1 Pedro 5:3). Tenga en cuenta que Pedro nunca dice que la grey es suya. Por el contrario, la orden es que sea *ejemplo* de lo que usted enseña, no una *excepción* de lo que enseña. Pedro implicaba que los ancianos no deben gobernar a través de amenazas, intimidación emocional, poder o uso de la fuerza política. Por el contrario, usted debe gobernar con el ejemplo. Sin embargo, eso no niega la autoridad del anciano. En el versículo 5, a la congregación se le ordena «estad sujetos a los ancianos». Esto implica que los ancianos tienen la autoridad gubernamental genuina en la iglesia, y que hay momentos en los que tienen que darle instrucciones a ella. Ejerza esa autoridad por medio del ejemplo.

Jesús enseñó a sus discípulos la misma lección en Marcos 10:42: «Mas Jesús, llamándolos, les dijo: Sabéis que los que son tenidos por gobernantes de las naciones se enseñorean de ellas, y sus grandes ejercen sobre ellas potestad». En contraste a este modelo secular, Jesús retó a sus discípulos de esta manera: «Pero no será así entre vosotros, sino que el que quiera hacerse grande entre vosotros será vuestro servidor, y el que de vosotros quiera ser el primero, será siervo de todos. Porque el Hijo del Hombre no vino para ser servido, sino para servir, y para dar su vida en rescate por muchos» (vv. 43-45). Spurgeon escribió:

> El que quiera ser el primero entre vosotros, será vuestro siervo. Estemos dispuestos a ser felpudos en el vestíbulo de entrada de nuestro maestro. No busquemos honor para nosotros mismos, sino pongamos honor sobre los vasos más frágiles con nuestro cuidado por ellos. En la iglesia de nuestro Señor, que los pobres, los débiles, los afligidos tengan el lugar honroso y que los que son fuertes carguen sus enfermedades. El más alto es aquel que se hace más bajo. El más grande es el que se hace el más pequeño.[4]

Cuando la audiencia de Pedro lee las palabras de 1 Pedro 5:3-4, Ezequiel 34 debió haber hecho eco en sus mentes. El profeta habló en nombre de Dios en el versículo 1, diciendo: «Vino a mi palabra de Jehová…» Al oír a Ezequiel proclamar estas palabras, sus oyentes pudieron haber estado pensando: *Genial, ahí viene. Vamos a escuchar acerca del juicio de las naciones. Vamos a escuchar más de las injusticias sociales puestas en su lugar.* Pero aquí está lo que los líderes espirituales de Israel oyeron: «Hijo de hombre, profetiza contra [redoble de tambor] los pastores de Israel». Los líderes espirituales deben haber pensado: Un momento, ¡estamos en el mismo equipo!

Pero Ezequiel continuó: «Así ha dicho Jehová el Señor: ¡Ay de los pastores de Israel, que se apacientan a sí mismos! ¿No apacientan los pastores a los rebaños? Coméis la grosura, y os vestís de la lana; la engordada degolláis, mas no apacentáis a las ovejas» (Ezequiel 34:2-3). Las palabras de Ezequiel debieron haber estremecido al mundo de los reyes, profetas, sacerdotes, líderes de sinagogas y todos aquellos que ejercían algún tipo de supervisión espiritual.

Los pastores estaban comiendo la grosura y se vestían con la lana. Solo estaban tomando, no alimentando. Ezequiel continuó: «No fortalecisteis las débiles, ni curasteis la enferma; no vendasteis la perniquebrada, no volvisteis al redil la descarriada, ni buscasteis la perdida, sino que os habéis enseñoreado de ellas con dureza y con violencia» (v. 4). ¿Le parece familiar? Enseñoreado con dureza y violencia. Este pasaje tenía que estar en la mente de Pedro. El redil de Israel fue esparcido debido a que las personas carecían de pastor. En nuestro contexto moderno, he oído que más personas dejan las iglesias porque no fueron cuidados que porque no les gustó la predicación.

Continuamos leyendo en Ezequiel 34:5-6: «Y andan errantes por falta de pastor, y son presa de todas las fieras del campo, y se han dispersado. Anduvieron perdidas mis ovejas por todos los montes, y en todo collado alto». Ellas fueron a los collados altos porque ese era el único lugar donde las ovejas pueden encontrar protección de los depredadores. Ezequiel continúa:

Y en toda la faz de la tierra fueron esparcidas mis ovejas, y no hubo quien las buscase, ni quien preguntase por ellas. Por tanto, pastores, oíd palabra de Jehová: Vivo yo, ha dicho Jehová el Señor, que por cuanto mi rebaño fue para ser robado, y mis ovejas fueron para ser presa de todas las fieras del campo, sin pastor; ni mis pastores buscaron mis ovejas, sino que los pastores se apacentaron a sí mismos, y no apacentaron mis ovejas; por tanto, oh pastores, oíd palabra de Jehová. Así ha dicho Jehová el Señor: He aquí, Yo estoy contra los pastores (vv. 6-10).

Imagínese por un instante que Dios dice: «Yo estoy contra los pastores». Entonces alega: «Demandaré mis ovejas de su mano, y les haré dejar de apacentar las ovejas; ni los pastores se apacentarán más a sí mismos, pues yo libraré a mis ovejas de sus bocas, y no les serán más por comida». Dios tiene que liberar a su pueblo de los pastores, ya que ellos andan detrás del rebaño para explotarlos para su propio beneficio personal. Como pastores, no somos celebridades; somos servidores. Es más fácil pararse arriba en el púlpito que agacharse abajo a lavar pies. Es más fácil predicar en conferencias que visitar a las viudas y los huérfanos. Es más fácil dirigir seminarios en público que orar en la soledad por nuestro pueblo. El énfasis de Ezequiel y Pedro es simplemente este: Usted pastorea porque ama a Dios y porque se preocupa por el rebaño de Él.

¿Cuánto tiempo pasa usted en el púlpito en comparación con el que pasa con la gente?

¿Le importa? Después de que predica y baja del púlpito, la mayoría de la gente que quiere hablar con usted no viene para decirle: «Estuvo genial». Vienen para decir: «Por favor, présteme atención. Por favor, tome cuidado de mí. Usted ha dicho algo que tenía atracción espiritual y autoridad divina, y quiero ser pastoreado». Sus oyentes normalmente no vienen a hablar de su gran exégesis; ellos quieren que usted los pastoree. La predicación es una parte importante del cayado de pastor. Sin embargo, hay solo unos versículos sobre la predicación y mucho sobre el cuidado pastoral. ¿Cuánto tiempo pasa usted en el púlpito en comparación con el que pasa con la gente?

Todo eso vuelve a lo que está escrito en Jeremías 10:21: «Porque los pastores se infatuaron, y no buscaron a Jehová; por tanto, no prosperaron, y todo su ganado se esparció». El problema con algunos pastores es que no han buscado al Señor. Cuide de su gente y hágalos disfrutar un mejor caminar con Jesús porque usted es su líder *espiritual*.

El ministerio pastoral es una responsabilidad honorable
La tercera realidad aleccionadora del ministerio pastoral es que es una responsabilidad honrosa. Primera de Pedro 5:4 dice: «Y cuando

aparezca el Príncipe de los pastores, vosotros recibiréis la corona incorruptible de gloria». Pedro declaró el incentivo para la supervisión espiritual, a saber, la recompensa eterna por venir. En última instancia, la recompensa de un pastor no se mide por la remuneración económica o la gloria del mundo, sino por escuchar a Jesús decir: «Bien, buen siervo y fiel... entra en el gozo de tu señor» (Mateo 25:23). Uno de los pasajes más queridos y conocidos en la Biblia es Salmos 23. Cuando Pedro usa el término «Príncipe de los pastores», hace eco de ese salmo. El Salmo 23 ha sido un consuelo para muchos. Es tan familiar que incluso los incrédulos lo conocen. Léalo y preste atención a la forma en que retrata al Príncipe de los pastores, que es nuestro ejemplo.

En el Salmo 23:1-2 leemos: «Jehová es mi pastor; nada me faltará. En lugares de delicados pastos me hará descansar». Los pastos verdes eran raros en el antiguo Cercano Oriente. El terreno era predominantemente de color marrón y los pastores escogían parches de hierba entre las rocas. El salmista continúa: «Junto a aguas de reposo me pastoreará. Confortará mi alma; me guiará por sendas de justicia por amor de su nombre. Aunque ande en valle de sombra de muerte, no temeré mal alguno, porque tú estarás conmigo» (vv. 2-4). ¿Cuántas veces lo llaman al hospital con una persona que está a punto de morir y lo que quieren es que su pastor ore y sostenga su mano, mientras toman su último aliento? «Tu vara y tu cayado me infundirán aliento. Aderezas mesa delante de mí en presencia de mis angustiadores; unges mi cabeza con aceite; mi copa está rebosando. Ciertamente el bien y la misericordia me seguirán todos los días de mi vida, y en la casa de Jehová moraré por largos días».

Si quiere tomar una clase en cuanto pastorear, simplemente lea el Salmo 23 y diga: «Yo quiero hacer eso por mi gente». Esa es la naturaleza del cuidado de Dios. La analogía de Dios como pastor está obviamente conectada con el entendimiento de que su pueblo son las ovejas, pero no se detiene allí. Leemos en Hebreos 13:20 que Dios «resucitó de los muertos a nuestro Señor Jesucristo, el gran Pastor de las ovejas, por la sangre del pacto eterno». Jesús es nuestro Pastor jefe, y Pedro acerca de eso en 1 Pedro 2:25 afirma: «Porque vosotros erais como ovejas descarriadas, pero ahora habéis vuelto al Pastor y Obispo de vuestras almas». El pastoreo de Dios es hecho primordialmente a través de un representante, a través de un sustituto aprobado por su nombre. En otras palabras, Dios usa hombres para que sean pastores de sus ovejas, y todavía llama a los hombres a apacentar su grey en la actualidad.

Recuerde también que Jesús dijo en Juan 10:11: «Yo soy el buen pastor; el buen pastor su vida da por las ovejas». Y vemos el contraste en Juan 10:12: «Mas el asalariado, y que no es el pastor, de quien no son propias las ovejas, ve venir al lobo y deja las ovejas y huye, y el lobo arrebata las ovejas y las dispersa». El asalariado está en eso por ganancias deshonestas, no por cuidar el rebaño. Este asalariado huye porque es asalariado y no se preocupa por las ovejas.

Entonces Jesús dijo: «Así que el asalariado huye, porque es asalariado, y no le importan las ovejas. Yo soy el buen pastor; y conozco mis ovejas, y las mías me conocen, así como el Padre me conoce, y yo conozco al Padre; y pongo mi vida por las ovejas. También tengo otras ovejas que no son de este redil; aquéllas también debo traer, y oirán mi voz; y habrá un rebaño, y un pastor» (Juan 10:13-16).

Leí un artículo sobre pastoreo que dice que los pastores en el Medio Oriente por lo general tienen más de un cien ovejas que pastan en el mismo terreno con otros tres o cuatro pastores. Eso significa que un pasto o colina podría tener entre trescientas y cuatrocientas ovejas y varios pastores. Y si una de las ovejas se extravía, el pastor va a llamarla y le responderá porque sabe que es su voz. Es lo que Jesús tiene en cuenta en Juan 10. Richard Baxter escribió a los pastores: «Debemos sentir por nuestro pueblo como lo que siente un padre por sus hijos. El más tierno amor de una madre no debe superar al nuestro. Debemos incluso estar de parto, hasta que Cristo sea formado en ellos. Ellos deben ver que no cuidamos de ninguna cosa exterior».[5] El profeta Samuel le dijo al pueblo de Israel: «Lejos sea de mí que peque yo contra Jehová cesando de rogar por vosotros; antes os instruiré en el camino bueno y recto» (1 Samuel 12:23). Curiosamente, Samuel dijo eso después que estaba fuera de su trabajo.

El objetivo de un pastor líder

Todo lo que se ha cubierto en este capítulo es una introducción a Hebreos 13:17: «Obedeced a vuestros pastores, y sujetaos a ellos; porque ellos velan por vuestras almas, como quienes han de dar cuenta». Antes de pedirle a Dios que duplique el tamaño de su iglesia, asegúrese de que esté listo para duplicar su rendición de cuentas. Antes de pedirle a Dios que llene las bancas, asegúrese de que esté listo para orar por los que se sienten en ellas. Antes de pedirle un ministerio más grande, asegúrese de que está pidiéndole más tiempo para atender a esas personas. Porque la rendición de cuentas y la responsabilidad que tiene el pastor por las almas de la grey de Dios es algo serio. Cuando se piensa en las personas como almas eternas con cuerpos, cambia el espectro, las dimensiones y la profundidad de lo que usted quiere hacer. El objetivo de un pastor líder debe ser pastorear a su pueblo para que se acerquen a amar y apreciar al Príncipe de los pastores de sus almas, Jesucristo.

ORACIÓN

Padre, oro por los líderes espirituales. Oh, Señor, danos fidelidad. Danos una idea acerca de nuestras responsabilidades antes de que nos hagas responsables. Recuérdanos a todos que el rebaño que tenemos es tuyo y que ellas son tus ovejas. Libra nuestros corazones de lucro sucio, de ambición, de soberbia, de liderazgo dominante y de pastorear por deber más que por deleite. Ayúdanos a tomar nuestro ejemplo de Jeremías, que dijo que si te buscamos, entonces y solo entonces seremos pastores conforme a tu corazón. Oh, Padre, ayúdanos a extender tu cuidado pastoral a tu rebaño a través de nuestros humildes esfuerzos. Oramos en el nombre de Jesús, amén.

GUARDE EL EVANGELIO

«Pues, ¿busco ahora el favor de los hombres, o el de Dios?»

GÁLATAS 1:10

8

GUARDE EL EVANGELIO

Steven J. Lawson
Gálatas 1:6-10

Estoy maravillado de que tan pronto os hayáis alejado del que os llamó por la gracia de Cristo, para seguir un evangelio diferente. No que haya otro, sino que hay algunos que os perturban y quieren pervertir el evangelio de Cristo. Mas si aun nosotros, o un ángel del cielo, os anunciare otro evangelio diferente del que os hemos anunciado, sea anatema. Como antes hemos dicho, también ahora lo repito: Si alguno os predica diferente evangelio del que habéis recibido, sea anatema. Pues, ¿busco ahora el favor de los hombres, o el de Dios? ¿O trato de agradar a los hombres? Pues si todavía agradara a los hombres, no sería siervo de Cristo.

Cada generación de creyentes en la iglesia ha tenido que luchar por la pureza y la exclusividad del Evangelio de Jesucristo. No hay ninguna excepción. Comenzando con Clemente de Roma, Ignacio y Justino Mártir, hombres que dieron sus vidas para preservar y proteger la pureza del Evangelio de Jesucristo.

En el siglo II, Ireneo luchó contra el gnosticismo y Policarpo se opuso al procónsul romano a costa de sus vidas. Cipriano luchó contra la apostasía en el siglo III y fue condenado a muerte. Se quitó las ropas, se arrodilló y solo dijo: «Gracias a Dios».[1]

En el siglo IV Atanasio luchó contra el arrianismo, que negaba la deidad de Cristo y, por lo tanto, era un ataque frontal al evangelio. Atanasio no sucumbió y se levantó *contra mundum,* contra el mundo. Se dispuso a erguirse por el evangelio ante el mundo entero.

Agustín contendió contra Pelagio, que negaba la caída de la raza humana. Juan Wycliffe, Juan Huss y Martín Lutero atacaron el evangelio pervertido de la Iglesia Católica Romana y su corrupto sistema de obras y méritos humanos. Juan Calvino disparó descarga tras descarga contra Roma y su evangelio nauseabundo, así como contra los libertinos, los unitarios y todas las demás sectas falsas.

En las generaciones posteriores, los líderes cristianos siguieron pagando el precio máximo con el fin de preservar y proteger la exclusividad del Evangelio de Jesucristo. Juan Rogers y los 284 mártires que hubo durante las persecuciones marianas lucharon contra la Iglesia Católica en cuanto a la naturaleza de la Cena del Señor, que era en realidad una batalla sobre la naturaleza de la pureza del evangelio mismo. Tomás Cranmer, Nicolás Ridley y Hugh Latimer fueron quemados en la hoguera, en Oxford, por el honor del evangelio. Latimer reafirmó a Ridley: «Consuélese, maestro Ridley, y desempeñe el papel de hombre: Este día vamos a encender, por la gracia de Dios, una candela tal en Inglaterra, que confío que nunca será apagada».[2] Seis meses antes, Cranmer fue retirado físicamente de su púlpito y llevado directamente a la hoguera de los mártires y allí dio su vida para defender el modelo de las sanas palabras.

Jonathan Edwards luchó por la pureza del evangelio contra el arminianismo y el antinomianismo. Cuando el evangelio estaba de todo menos silenciado en la Iglesia de Inglaterra, George Whitfield lo sacó al aire libre yéndose por los caminos y los campos abiertos. En alta voz proclamaba: «He venido aquí hoy para hablar con usted acerca de su alma».[3] Asael Nettleton luchó por el evangelio contra Charles Finney, y Charles Spurgeon luchó la «Controversia del Declive» acerca del mensaje y el método del evangelio. Así son las cosas en cada generación. Cada líder cristiano que se precie ha luchado por el evangelio, y así debemos hacer nosotros.

Esto es exactamente lo que hizo Pablo en Gálatas 1:6-10. Estaba haciendo la guerra por la pureza y la exclusividad del Evangelio de Jesucristo, una colina sobre la que vale la pena morir.

Pelee la buena batalla por el evangelio

El apóstol Pablo pasó prácticamente toda su vida luchando por el evangelio. Se opuso al gnosticismo incipiente entre los colosenses. Hizo la guerra contra la filosofía secular, el legalismo judío, el misticismo oriental y el ascetismo estricto entre los gálatas. Luchó contra los de Corinto, que negaban la resurrección de Cristo. Incluso batalló contra el fanatismo entre los tesalonicenses.

En Gálatas, Pablo contendió contra el legalismo judío que fue llevado a la iglesia. Esa lucha resultaría ser uno de los conflictos más demandantes de su vida. En su defensa del evangelio, Pablo hizo la guerra contra un grupo de falsos maestros conocidos como judaizantes. Ese grupo trató de mezclar la ley con la gracia, las obras con la fe, e intentó poner a los creyentes y a los incrédulos por igual, bajo la ley de Moisés. Ellos afirmaban que la salvación se debe ganar por la ley y que la santificación debe ser alcanzada por las obras de la carne. En respuesta, el apóstol Pablo escribió esta carta a las iglesias de Galacia, en la que heroica y valientemente peleó la buena batalla por el Evangelio de Jesucristo.

Esta epístola fue la carta más apasionada de Pablo. Sus otras cartas las dictó pero, para escribir Gálatas, tomó su pluma y la escribió él mismo. La redactó en letras del tamaño de un vagón de carga, tan grandes que cualquiera podía leer claramente lo que estaba diciendo. No ahorró palabras y respiró fuego sagrado cuando les dijo a todos los pervertidores del evangelio que se podían ir al infierno antes que engañar a otros. Junto con reprender a los judaizantes, Pablo se sorprendió de que los gálatas hubieran caído tan rápida y tan fácilmente por ese falso evangelio. Había llegado el momento de que Pablo abordara el problema directamente y tuviera una conversación adulta con la iglesia.

Cómo guardar el evangelio hoy

Nosotros también vivimos en una hora exactamente igual. Similar a la del primer siglo, el Evangelio de Jesucristo es atacado una y otra vez. Hay muchos ataques a la pureza y la exclusividad del evangelio por parte de cultos, religiones falsas, la Iglesia Católica Romana, la nueva perspectiva sobre Pablo, los defensores del no señorío, los defensores del evangelio social, los universalistas y muchos otros. Hay muchos ataques contra el evangelio, y recaerá sobre todos y cada uno de los líderes de la iglesia de Cristo el actuar como hombres y mantenerse firmes en la gracia de Dios en la defensa del evangelio. Hay un anuncio en un estadio deportivo que lee: «Debemos proteger esta casa». Pastores, debemos proteger este evangelio.

Necesitamos prestar atención a las palabras de Pablo en estos versículos. Debemos prestar atención a esta advertencia que él está formulando y que debe captar nuestros corazones de nuevo. Que estas palabras sean como una trompeta en nuestros oídos. Que sean un redoble de tambor por el cual marchemos. Que cautiven nuestros corazones y convoquen nuestras almas. Vamos a clasificar estos versículos en cuatro categorías principales. *Primera*, el asombro de Pablo en los versículos 6 y 7. *Segunda*, los adversarios de Pablo al final del versículo 7. *Tercera*, los anatemas de Pablo en los versículos 8 y 9. *Cuarta*, el objetivo de Pablo en el versículo 10.

El asombro de Pablo

Pablo expresó su asombro con los gálatas en el versículo 6 cuando escribió: «Estoy maravillado». Este vocablo «maravillado» es una palabra fuerte que significa estar asombrado, perplejo e impresionado. Pablo estaba atónito y perplejo ante la noticia que había recibido de los gálatas. Luego pasó a decir de qué estaba maravillado: «De que tan pronto os hayáis alejado del que os llamó» (1:6). Estaba sorprendido de que los gálatas hubieran abandonado el Evangelio de Jesucristo, el cual él les había traído. El término «alejado» [que en este caso se compara con el vocablo «desertor»] se utiliza en la milicia para referirse a un soldado que abandona su cargo o puesto. Significa ausentado sin permiso. Los gálatas habían abandonado su lealtad a Dios y su fidelidad al Señor Jesucristo. El verbo griego está en tiempo presente, lo que revela que estaban cometiendo esa acción mientras Pablo estaba escribiendo la carta. A esa misma hora, en ese momento, ellos estaban en el proceso de abandonar a Dios mismo. Es más, el verbo griego está en voz media, lo que implica que los gálatas eran personalmente responsables de este hecho.

Al desertar del evangelio, los gálatas estaban abandonando a Dios. Ellos no estaban simplemente dejando un sistema de teología, aunque es muy importante, sino al mismo Dios de ese sistema. Es como si Pablo dijera: «Le están dando la espalda a Dios Todopoderoso. Ustedes son como los desertores militares. Son tránsfugas espirituales. Son desertores de la peor especie. Yo estuve con ustedes y les entregué el mensaje, y ahora están abandonando a Dios tan rápidamente». Podemos llegar a esta conclusión porque «Dios mismo es el evangelio». Por lo tanto, alejarse del evangelio es alejarse de Dios. El evangelio es de Dios y Romanos 1:1 nos recuerda que el evangelio es la verdad de Dios, el poder de Dios, el mensaje de Dios. Así que abandonar el mensaje de Dios es rechazar a Dios mismo.

Cada atributo de Dios se exhibe bellamente en el espectacular teatro del Evangelio de Jesucristo. En Salmos 19:1 leemos: «Los cielos cuentan la gloria de Dios». ¿Cuánto mayor es la gloria de Dios mostrada en el mensaje que nos dice cómo ir al cielo? Si la gloria de Dios es exhibida en su creación, en su nueva creación lo es aún más. Recuerde que es en el Evangelio que vemos con mayor claridad la santidad de Dios. Vemos que Dios es trascendente y majestuoso, alto y sublime, y que está separado infinitamente de los pecadores contaminados.

La santidad de Dios emerge brillando intensamente en el Evangelio de Jesucristo y ruega que la solución venga de Dios. Es en el evangelio que vemos que la ira de Dios se muestra con más claridad. Vemos el pecado bajo juicio en la cruz y vemos nuestro pecado juzgado por Dios en Cristo. Contemplamos a Cristo que se hizo maldición por nosotros, sufriendo en nuestro lugar, recibiendo la venganza divina en nuestro nombre. Pero también es en el evangelio en el que vemos la justicia de Dios. Vemos la justicia de Dios que nos ha sido proporcionada en la perfecta obediencia de Jesucristo, en su vida sin pecado y en su muerte sustituta. Es en el evangelio en lo que vemos la gracia de Dios que proporciona la justicia por los pecadores.

Todas las líneas de la teología correcta se intersectan
en el Evangelio de Jesucristo, y todos los atributos
de Dios se intersectan en la persona y obra de
Cristo, que es el evangelio para nosotros.

Es en el evangelio que vemos la inmutabilidad de Dios, vemos que no hay sino una forma inmutable de salvación, de principio a fin. Es en el evangelio que contemplamos el poder de Dios que es capaz de transformar y santificar a los más viles pecadores y que es capaz de transformar y santificar al más vil de los rebeldes. Es en el evangelio que vemos la verdad de Dios y la realidad de su empresa salvadora. Es en el evangelio que vemos la soberanía de Dios, salvando a todos sus elegidos, a todos los elegidos por el Padre y confiados a Cristo. Todas las líneas de la teología correcta se intersectan en el Evangelio de Jesucristo, y todos los atributos de Dios se intersectan en la persona y obra de Cristo, que es el evangelio para nosotros. Desertar del evangelio es abandonar a Dios mismo.

En el versículo 6, Pablo continuó: «Estoy maravillado de que tan pronto os hayáis alejado del que os llamó por la gracia de Cristo». Los gálatas abandonaron a Dios, después de que les había provisto la salvación a través de la gracia soberana, irresistible y eficaz. Esta gracia los había llamado, había dominado su resistencia a Dios, y los había atraído a sí mismo para ser trofeos de ella.

Este Dios que los había llamado por su pura, simple y no adulterada gracia fue rechazado cuando ellos se volvieron a un «evangelio diferente».

Solo hay dos tipos de evangelios. El evangelio verdadero y el falso. Un evangelio que salva y un evangelio falso que condena. Pablo estaba afirmando que los gálatas habían abandonado el evangelio del logro divino por un evangelio de logros humanos. Este evangelio diferente, o evangelio *héteron*, se refiere a otro de un tipo totalmente distinto. Una comparación moderna sería que comparamos manzanas con naranjas. Este mensaje que se había deslizado en Galacia era un totalmente diferente, un evangelio legalista que no salvaba ni santificaba. Era un evangelio falso, una salvación falsa y una estafa de religión. Como resultado, Pablo les rogaba que volvieran al verdadero evangelio.

Al principio del versículo 7, Pablo escribió acerca de ese evangelio diferente «no que haya otro», lo que quiere decir que solo hay un evangelio verdadero. Solo hay un camino verdadero a la salvación; por tanto, cualquier otro mensaje condena al alma. Solo hay un camino a la salvación, porque Jesús dijo: «Yo soy el camino, y la verdad, y la vida; nadie viene al Padre, sino por mí» (Juan 14:6). Pedro predicó: «Y en ningún otro hay salvación; porque no hay otro nombre bajo el cielo, dado a los hombres, en que podamos ser salvos» (Hechos 4:12). Pablo escribió: «Porque hay un solo Dios, y un solo mediador entre Dios y los hombres, Jesucristo hombre» (1 Timoteo 2:5). Abandonar este evangelio es retirarse del único camino a la salvación.

Jesús es el único camino a la salvación, porque nadie más ha nacido de una virgen, ha vivido una vida perfecta y sin pecado, ha dado su perfecta justicia, ha muerto en lugar del pecador, ha cargado los pecados del hombre, ha sufrido la ira de Dios, ha reconciliado a los pecadores con un Dios infinitamente santo, nos ha redimido de la esclavitud del pecado y de Satanás, ha resucitado para nuestra justificación, y está sentado a la diestra de Dios Padre. Nadie ha hecho todo eso —ni Buda, ni Alá, ni María, ni el Papa, ni ningún ser unitario, ni José Smith, ni Mary Baker Eddy—, y desde luego ni siquiera yo, en mi nombre. Nadie más sino Jesucristo, enviado por Dios.

Pablo estaba sorprendido porque los gálatas habían abandonado el verdadero evangelio de la salvación y así deberíamos estar nosotros, asombrados cada vez que vemos tal deserción en nuestros días. Deberíamos estar perplejos cuando vemos que hay evangélicos que quieren firmar algo como el documento ECT (Evangélicos y Católicos Juntos, por sus siglas en inglés) y pretender que no hay diferencia entre Roma y el Evangelio de Jesucristo.

Debemos sorprendernos cuando vemos a algunos de los autollamados líderes cristianos salir en la televisión y patear al evangelio. Larry King entrevistó a uno de ellos y comenzó la conversación con las siguientes palabras: «Hemos tenido ministros en nuestro programa que han dicho que o crees en Cristo o no crees. Si crees en Cristo vas al cielo. Si no crees, no importa lo que hayas hecho en tu vida, no vas al cielo». La respuesta del invitado, un supuesto líder cristiano prominente, fue: «Bueno, no sé. Creo que tienes que conocer a Cristo, pero pienso que si conoces a Cristo, si eres creyente en Dios, vas a tener algunas buenas obras. Creo que es una pobre excusa decir: "Soy cristiano, pero no he hecho nada"».[4]

King respondió: «¿Qué pasa si eres judío? ¿Qué pasa si eres musulmán y no aceptas a Cristo en lo absoluto?»[5] Su invitado respondió: «No sé si creería que están equivocados. Yo pasé mucho tiempo en la India con mi padre. No conozco todo acerca de su religión, pero creo que ellos aman a Dios. No sé. Yo he visto su sinceridad».

No, ellos no aman a Dios; lo odian. Dennos líderes que conozcan la verdad, que declaren la verdad, que se paren como Atanasio, Policarpo, Calvino, Lutero, Whitfield y Edwards, y que proclamen desde las azoteas que el evangelio es el único poder de Dios para salvación. Pablo estaba sorprendido de que algunos estuvieran dispuestos a abandonar el evangelio; nosotros también deberíamos estar asombrados y perplejos en esta hora de la historia.

Los adversarios de Pablo

Segundo, en Gálatas 1:7 vemos los adversarios de Pablo. El problema del evangelio falso era con los oponentes, que estaban corrompiendo y perturbando a los creyentes. Observamos a Pablo a la mitad del versículo 7 mencionando a los falsos maestros por primera vez, aunque no por nombre: «Sino que hay *algunos*...» (énfasis mío). Encierre en un círculo la palabra «algunos». Estos *algunos* eran los judaizantes que estaban tratando de introducir su legalismo a la iglesia y poner a la gente bajo la ley; como resultado ellos eran los que «os perturban». *Perturbar* proviene del griego *tarassontes*, y significa molestar, agitar o sacudir. Esos falsos maestros estaban sacudiendo la alianza de los creyentes con Dios. Y al hacerlo, estaban perturbando y molestando a la iglesia. Porque si usted quita el evangelio, lo quita todo. «Sino que hay algunos que os perturban y quieren pervertir el evangelio de Cristo» (v. 7). La palabra «pervertir» significa transformar algo en otra cosa totalmente opuesta. Los judaizantes estaban cambiando el evangelio verdadero y lo estaban transformándolo en un evangelio falso. Esos judaizantes estaban enseñando acerca de Cristo, la gracia y la fe, pero decían que los mismos solos eran inadecuados para salvar y santificar. Estaban diciendo que las obras humanas también eran necesarias para la salvación y que se requería el esfuerzo religioso para ser aceptos ante Dios. Sin embargo, Pablo escribió en 2:21: «Si por la ley fuese la justicia, entonces por demás murió Cristo». Si podemos lograr nuestra propia salvación aparte de la suficiencia de la cruz, entonces el Calvario es el disparate de los siglos.

Hay muchos adversarios del evangelio en la actualidad. Reconocen un lugar para la cruz, hablan de la gracia, predican acerca de la fe, pero al mismo tiempo afirman que esta no es suficiente para estar bien con Dios. Ellos afirman que la salvación es por fe y buenas obras, fe y bautismo, fe y membresía en una iglesia, fe y hablar en lenguas, fe y avemarías, fe y la misa, fe y la extremaunción, fe y mérito, fe y comprar indulgencias. Afirman que todo eso es necesario para la salvación y, como resultado, condenan las almas de los hombres. Por supuesto, hay adversarios del evangelio del tipo teológico. Ellos niegan la Trinidad, la deidad absoluta de Jesucristo, el señorío de Cristo, el nacimiento virginal, la vida sin pecado de Jesús, la muerte sustitutiva, la resurrección corporal de Jesús y la segunda venida de Cristo. Otros rechazan la exclusividad de la salvación solamente en Cristo y dicen: «Jesús es solo un camino más que lleva a la cima de la montaña donde está Dios». Pero si Jesús no es el único camino al cielo, entonces Él no es ninguno de los caminos al cielo, porque Jesús afirmó ser el único camino a la salvación, y un mentiroso no puede ser nuestro Salvador. J. C. Ryle escribió que si realmente creemos que Cristo es el único camino a la salvación, entonces marcará nuestra predicación y le dará poder a nuestra proclamación. Como ministros, hablaremos de Cristo y nuestros sermones estarán llenos de Cristo puesto que Él es el único camino a la salvación.[6]

El evangelio verdadero se enfoca en la salvación de Dios a través de su Hijo, el Señor Jesucristo. Jesús, que es completamente Dios y completamente hombre, se sacrificó a sí mismo en la cruz por nuestros pecados. Allí se hizo pecado por nosotros, llevó nuestros pecados, murió en nuestro lugar y sufrió bajo la ira de Dios para que los pecadores pudieran ser rescatados del presente siglo malo. Todo este mundo es un planeta bajo juicio. Leemos en Romanos 1:8: «Porque la ira de Dios se revela desde el cielo contra toda impiedad e injusticia de los hombres que detienen con injusticia la verdad». Ahora mismo, en esta misma hora, somos un planeta bajo el juicio de un Dios santo. Solo hay un camino de redención, y es acudir a la cruz del Señor Jesucristo y creer en Él por fe. Ese es el evangelio.

Pablo afirmó esta verdad en Gálatas 2:16: «El hombre no es justificado por las obras de la ley, sino por la fe de Jesucristo». La justificación es una declaración forense del juez santo. La justificación es la declaración de Dios de la justicia de Cristo siendo imputada a los pecadores que creen en Jesús. Esta declaración e imputación es solo por gracia, solo a través de la fe, solo en Cristo. Lutero dijo: «Este es el artículo fundamental del que han surgido todas las demás doctrinas. Este artículo engendra, alimenta, construye, mantiene y defiende a la iglesia de Dios;

y sin él la iglesia de Dios no puede existir ni por una hora».[7] Lutero continuó diciendo que la doctrina de la justificación es el asunto fundamental sobre el cual la iglesia se mantiene o cae.[8] Esta fue la verdad principal que los que entraron en Galacia corrompieron, pervirtieron y falsificaron. Era la verdad de la justificación que Pablo defendía cuando hablaba en contra de los falsos maestros.

Los anatemas de Pablo

Hemos visto el asombro de Pablo y sus adversarios, y tercero, vemos los anatemas de Pablo. Estos judaizantes buscaban socavar la enseñanza de Pablo acerca del evangelio, y en Gálatas 1:8 Pablo presenta una situación extremadamente hipotética con el fin de dar a conocer su punto de vista. Comenzó con una declaración radical cuando dijo: «Mas si aun nosotros...» Aun si Pablo, Bernabé, Timoteo, Lucas o «un ángel del cielo» —Miguel el arcángel; Gabriel, uno de los ángeles jefes o uno de los ángeles gobernantes o los ángeles guardianes; uno de los serafines, querubines o cualquiera de los ángeles elegido— «os anunciare otro evangelio diferente del que os hemos anunciado, sea anatema».

Si cualquiera de esas personas predicara un evangelio que es contrario a la salvación por gracia a través de la fe en Cristo, ese individuo sería «anatema» (griego, *anathema*). Esa es una palabra fuerte, porque significa ser dedicado a la destrucción o consignado a las llamas del infierno eterno, allá abajo. En otras palabras, significa ser condenado al infierno. Para decirlo claramente, Pablo estaba afirmando: «Ellos deberían ir al infierno antes que tomen a alguien más con ellos para llevarlo al fondo del abismo». Este es el hombre que puede exaltarse por las cosas que alteran la voluntad de Dios.

Martín Lutero brindó un comentario colorido en este pasaje cuando escribió: «Pablo está respirando fuego. Su celo es tan ferviente que casi comienza a maldecir a los mismos ángeles».[9] No había espacio para la neutralidad, no había espacio para la indiferencia, no había espacio para la pasividad, porque ese era el tiempo para que Pablo defendiera el evangelio. James Montgomery Boice escribió: «¿Cómo puede ser de otra manera? Si el evangelio que Pablo predica es verdad, entonces la gloria de Jesucristo y la salvación de los hombres están en juego. Si los hombres pueden ser salvos por obras, entonces Cristo murió en vano.

La cruz carece de poder. Si a los hombres se les enseña un evangelio falso, están siendo guiados de la única cosa que puede salvarlos... a la destrucción».[10] Cuán ciertas son estas palabras dichas por Boice, porque aquellos que corrompen la verdad salvadora del evangelio contribuyen a la condenación de las almas perdidas.

Pablo cargó de nuevo en el versículo 9 y aseveró dogmáticamente que este mensaje era congruente con lo que los gálatas habían escuchado anteriormente. Él escribió: «Como antes hemos dicho...» Pablo se refiere al tiempo en que estuvo en Galacia en medio de las iglesias. Él fue enfático en resaltar que no había alterado su mensaje, el cual recibió no de hombres sino de Cristo. Por eso dijo: «Si alguno» —sea un apóstol, un ángel o un líder religioso autoproclamado— «os predica» (note el tiempo presente) «diferente evangelio del que habéis recibido, sea anatema». Pablo repitió esta declaración impactante para enfatizar la severidad del juicio que le espera al falso profeta. El lugar más caliente en el infierno está reservado para aquellos falsos maestros que distorsionan el Evangelio de Cristo y arrastran a otros a lo profundo del abismo.

Me gustaría que recordáramos que Pablo colocó estas palabras al principio de esta carta. Aquí es donde Pablo, en sus otras epístolas, por lo general expresa su agradecimiento a Dios por las iglesias. Pablo normalmente escribiría al principio de la carta: «Oh, cuánto agradezco a Dios por ustedes. Ustedes están en cada uno de mis pensamientos. Ustedes me dan tanto gozo». Sin embargo, no hay nada de eso en la Epístola a los Gálatas. En vez de estar agradecido, el apóstol está lleno, y con razón, con un celo santo porque la gloria de Dios y de Cristo ha sido contaminada con ese falso mensaje. Pablo estaba alterado por ello porque el único evangelio que salva y el mensaje santificador estaban en juego.

Al hacer esto, Pablo estaba siguiendo los pasos de su Maestro. Jesús mismo advirtió contra los falsos líderes religiosos que pervertirían el verdadero camino de salvación. Jesús dijo: «Entrad por la puerta estrecha; porque ancha es la puerta, y espacioso el camino que lleva a la perdición, y muchos son los que entran por ella; porque estrecha es la puerta, y angosto el camino que lleva a la vida, y pocos son los que la hallan» (Mateo 7:13-14). Jesús concluyó diciendo: «Guardaos de los falsos profetas, que vienen a vosotros con vestidos de ovejas, pero por dentro son lobos rapaces» (7:15). Los anatemas de Pablo fueron pronunciados con razón. Ese no era tiempo para el diálogo. Era tiempo para declarar.

El objetivo de Pablo

Cuarto, vemos el objetivo de Pablo, el cual debe ser el mismo de cada líder que pastorea la grey de Dios. Es con lo que cada predicador y cada cristiano debe luchar: «¿Busco ahora el favor de los hombres, o el de Dios?» (Gálatas 1:10). No hay otras categorías ni otras opciones. O vivimos para recibir la aprobación de Dios en el cielo o jugamos al aplauso de la multitud. Si Pablo estaba buscando el favor de los hombres, le hubiera bajado el tono a su retórica. Pero no estaba cortejando la popularidad del mundo. No cortejaba la popularidad de la iglesia ni de las iglesias a las que este libro fue escrito. Pablo estaba escribiendo para recibir la aprobación del cielo. Pablo estaba buscando la aprobación de Dios al escribir lo que este le había dicho. Este lenguaje severo difícilmente estaba calculado para ganar la aprobación de los hombres, porque los que complacen a los hombres simplemente no lanzan anatemas contra aquellos que proclaman falsos evangelios. A Pablo no le preocupaba eso porque buscaba agradar a Dios.

El ministerio es simple; en última instancia,
buscamos el favor y la aprobación del Dios Todopoderoso.

¿A quién va a agradar?

Aquí está lo que usted y yo debemos llegar a entender. Si buscamos agradar a Dios, no importa a quién no agrademos. Si desagradamos a Dios, no importa a quién agrademos. El ministerio es simple; en última instancia, buscamos el favor y la aprobación del Dios Todopoderoso. Pablo escribió; «Si todavía agradara a los hombres, no sería siervo de Cristo» (Gálatas 1:10). En el sentido máximo, agradar a los hombres y a Dios son cosas mutuamente exclusivas, no inclusivas. O busca agradar a los hombres, y con ello desagradar a Dios; o busca agradar a Dios, y entonces estará dispuesto a desagradar a los hombres. Incluso nuestro

Señor dijo en Mateo 6:24: «Ninguno puede servir a dos señores; porque o aborrecerá al uno y amará al otro, o estimará al uno y menospreciará al otro». Jesús entendía que solo podemos tener un señor y como esclavos de Cristo, reportamos a Él y buscamos su aprobación.

Pablo escribió en 1 Tesalonicenses 2:4: «Sino que según fuimos aprobados por Dios para que se nos confiase el evangelio, así hablamos; no como para agradar a los hombres, sino a Dios, que prueba nuestros corazones». Pablo se dio cuenta de que fue escogido por Dios, llamado por Dios, apartado por Dios, salvado por Dios, redimido por Dios, comisionado por Dios, iluminado por Dios, instruido por Dios, asignado por Dios, facultado por Dios y dirigido por Dios. ¿Por qué razón iba, entonces, de repente a buscar agradar a los hombres?

Pablo sabía que en el día final, sería delante de Dios que se pararía. Seremos juzgados, no por los hombres o los ángeles, sino por Dios, y seremos o premiados o pasados por alto. Por lo tanto, es a Dios al que debemos agradar, y hay un solo mensaje que agrada a Dios: el evangelio verdadero de Jesucristo, el cual es salvación solo por gracia, solo a través de la fe, solo en Cristo.

Un ejemplo a seguir

Uno de los hombres más valientes que ha recorrido esta tierra con el evangelio fue Juan Knox. Tuve el privilegio hace un par de años, de pararme con el Dr. MacArthur donde está enterrado Knox, y subir al púlpito de Knox. El sacerdote católico romano escocés Juan Knox, se convirtió por el poder del evangelio y fue guardaespaldas de Jorge Wishart. Wishart fue hecho mártir y su ministerio pasó a Knox. Este comenzó a predicar en el castillo de San Andrés y pronto fue capturado y llevado a bordo de un barco francés. Sirvió en el casco de ese barco por los siguientes diecinueve meses como cautivo de guerra. Cuando lo liberaron, regresó a Escocia a predicar el evangelio.

Cuando María la Sanguinaria (*Bloody Mary*) tomó el trono, Knox huyó de Escocia y se fue a Ginebra a pastorear una congregación de habla inglesa. Incluso participó en la producción de la Biblia de Ginebra. Sin embargo, una vez que María la Sanguinaria fue sacada del trono, Knox regresó a Escocia. María, reina de los escoceses, tomó el trono, y en su primer domingo como reina de Escocia, en la soledad de su propia capilla, fue donde recibió una misa privada. Esa noticia llegó a oídos de Juan Knox y el siguiente domingo, en la Iglesia de San Giles en Edimburgo, Escocia, ascendió al púlpito y confrontó a la soberana. Declaró desde el púlpito: «Una misa es más temerosa para mí que diez mil enemigos armados destacados en cualquier parte de este ámbito». Knox dijo: «He aprendido llanamente y con valentía a llamar a la maldad por su propio nombre. Yo llamo a un higo, higo, y a una espada, espada».[11]

Cuando la palabra llegó a María, reina de los escoceses, esta se enfureció. Convocó a Knox a presentarse ante ella con el fin de rendir cuentas por su declaración. Knox acudió y la reina tomó la ofensiva. Ella se lanzó con tres acusaciones y cargos que fueran traídos contra Juan Knox y, sin embargo, los tres resbalaron en él como agua en la espalda de un pato. Knox no se anduvo con rodeos cuando le declaró a ella la idolatría de la misa, aseverando que la misa no tenía lugar en Escocia, porque invitaría al juicio de Dios sobre la nación. Knox fue implacable en lo que le predicó a ella acerca del verdadero evangelio de salvación por gracia en el Señor Jesucristo. Como consecuencia, ella se redujo a un charco de lágrimas. Knox registró que ella comenzó a aullar como un animal herido. La causa de la Reforma en Escocia salió como resultado de una serie de seis encuentros entre los estruendosos Scot, Juan Knox y María, reina de los escoceses.

Cuando Knox murió el 24 de diciembre de 1572 en Edimburgo, la región de Escocia dijo estas palabras recordadas por mucho tiempo sobre la tumba de Knox: «Aquí yace un hombre que en su vida nunca temió la cara del hombre».[12] Tal vez Knox se resume mejor por las palabras finales de la Confesión Escocesa que él mismo escribiera en 1560 a su regreso a Escocia: «Levántate, oh Dios, y confunde a tus enemigos. Que huyan de tu presencia los que odian tu divino nombre. Da a tus siervos poder para predicar tu Palabra con valentía, y que todas las naciones se plieguen al verdadero conocimiento de ti».[13]

¿Dónde están tales líderes hoy? Como alguien observara, el problema con los predicadores de hoy es que ya nadie quiere asesinarlos. ¿Dónde están aquellos que dirán con Pablo: «Si alguno os predica diferente evangelio del que habéis recibido, sea anatema» (Gálatas 1:9)? Espero que existan tales hombres y que estén leyendo estas palabras ahora.

ORACIÓN

Levántense, oh hombres de Dios, han hecho cosas menores. Den corazón y mente, y alma y fuerza a servir al Rey de reyes. Prediquemos el evangelio, enseñemos el evangelio, vivamos el evangelio, expliquemos el evangelio y expandamos el evangelio, y dejen que las fichas caigan donde sea. Agrademos a Dios. No complazcamos a los hombres.

Ni gente pequeña, ni sermones pequeños

«Respondió Jesús:
No es que pecó éste, ni sus padres,
sino para que las obras de Dios
se manifiesten en él».

JUAN 9:3

9

Ni gente pequeña, ni sermones pequeños

Albert Mohler
Juan 9:1-42

«A quien anunciamos, amonestando a todo hombre, y enseñando a todo hombre en toda sabiduría, a fin de presentar perfecto en Cristo Jesús a todo hombre» (Colosenses 1:28). Eso es lo que el predicador de la Palabra llega a hacer. Eso es lo que al predicador de la Palabra se le encarga que haga. Eso es lo que al predicador de la Palabra le conviene hacer. Dios está llamando hombres a predicar su Palabra equipándolos sobrenaturalmente para realizar la tarea. Sin embargo, no todo el mundo está prestando atención a este mandato.

Hace poco tuve la oportunidad de predicar en una convención. Cuando iba caminando al salón del hotel a predicar, noté unas luces estroboscópicas y todo tipo de efectos especiales, pero no vi un púlpito. Me dijeron: «No se preocupe, es electrónico». Yo dije: «Mi preocupación es que es invisible». Ellos respondieron: «No se preocupe, aparecerá cuando usted esté listo para predicar», fui forzado a practicar la fe. Entonces, cuando llegó el momento de predicar, el suelo se abrió y aparecieron unos tubos. En el tope de unos tubos delgados color púrpura había una placa de madera. Encima de la placa estaba un micrófono, por lo que pensé que tenía que pararme detrás de los tubos y la placa.

Cuando me paré detrás de los tubos y la placa —improvisados como un púlpito— pensé: *No estoy seguro de qué es lo que exactamente simboliza esto. Pudiera ser el poder multicultural del púlpito o pudiera simbolizar el desaparecimiento del púlpito puesto que se aparta muy convenientemente.* En demasiadas iglesias hay ausencia de púlpito porque no hay predicación. La desaparición del púlpito es el sello distintivo de esta época. ¿Ha notado la levedad insufrible de mucho de lo que es llamado predicación? ¿Ha notado la levedad insufrible de tantos sermones que son «pequeños»? Los sermones «grandes» son importantes, aun cuando grande no siempre equivale a largo. En el Nuevo Testamento, algunos sermones breves tienen enormes implicaciones. Hoy, sin embargo, muchos sermones largos en realidad contienen pequeñas cantidades de verdad.

Dele peso a sus sermones

Como pastores, nuestros esfuerzos serán pesados en la balanza, por lo que vamos a averiguar cuán «grande» era el ministerio. Vamos a estar delante de nuestro Hacedor, el Juez de todos, y vamos a averiguar cuán grandes eran nuestros sermones. Adoramos a un Dios infinito y proclamamos un evangelio imperecedero. El Nuevo Testamento describe el eterno peso de gloria que está en juego. Francis Schaeffer escribió un libro titulado *No hay gente pequeña, no hay lugares pequeños.* Espero por lo menos, que el título le anime. No hay gente pequeña, no hay lugares pequeños, y el peso de un ministerio no lo determina su tamaño. Dado que no existen personas pequeñas, más vale que no haya sermones pequeños. Los pequeños sermones no lograrán hacer el trabajo.

Como líderes, necesitamos recordar
que las personas son importantes.
Por lo tanto, debemos reconocer la necesidad
de darle peso a nuestros sermones.

Como líder del rebaño de Dios, usted no puede sobreestimar el poder de la Palabra de Él. Esto se confirma en el noveno capítulo del Evangelio de Juan con el relato de un ciego de nacimiento que fue sanado. Vemos aquí un conjunto fascinante de debates, interrogatorios así como también la revelación de la gloria de Dios. Este pasaje contiene mucha ironía: ceguera, luz, vista, los ojos que no veían, ojos que se abren para ver y ojos echados fuera del templo porque ahora ven. Se nos dice que cuando Jesús iba pasando vio a un hombre ciego de nacimiento. Sin embargo, los discípulos no vieron al hombre. Vieron una pregunta. Al ver al hombre, Jesús reafirmó que no hay gente pequeña. Como líderes, necesitamos recordar que las personas son importantes. Por lo tanto, debemos reconocer la necesidad de darle peso a nuestros sermones.

Ver la pregunta o ver al hombre

Los discípulos de Jesús vieron al hombre y preguntaron (Juan 9:2): «Rabí, ¿quién pecó, éste o sus padres, para que haya nacido ciego?» Esta pregunta no es tonta. De hecho, en el contexto de la enseñanza de Jesús, surgiría en la mente de cualquier persona que sea teológicamente curiosa. Tiene que haber alguna razón o lógica para la ceguera. En verdad, podemos identificar a un agente causal. Un pecado o todo un complejo de pecados deben explicar eso.

Ahora bien, el problema es más complicado de lo que parece. La vinculación directa entre pecado y consecuencia puede ser evidente en algunos casos. Por ejemplo, alguien podría haber quedado ciego debido a un pecado rastreable como el síndrome de alcoholismo fetal u otra clara explicación causal. Sin embargo, no existe una explicación directa aquí que tenga sentido para los discípulos que no sea otra cosa que pecado. Al igual que los amigos de Job, ellos siguieron de inmediato al pensamiento teológico convencional de la época e imaginaron que esa desgracia se debía al pecado de alguien. Dado que el hombre nació ciego, sugirieron que podría ser culpa de los padres. Tal vez existía otra explicación. Así que los discípulos le preguntaron: «Rabí, ¿quién pecó, éste o sus padres, para que haya nacido ciego?»

En lo teológico, la respuesta es pecado, puesto que vivimos en un mundo como el de Génesis 3. Cada desastre encontrado en las Escrituras apunta a la caída y explica, en términos no negociables, que cada cosa que sale mal, todo pecado, el mal, e incluso lo que podríamos definir como mal natural o moral, es rastreable directamente hasta la caída. Los terremotos, los maremotos, los mosquitos y las lombrices se deben todos a Génesis 3. En un sentido, el pecado es la respuesta correcta. Sin embargo, no es la respuesta suficiente para la pregunta de los discípulos.

Y Jesús respondió de una manera que no se ajustaba a la sabiduría convencional de su teología.

Errores al señalar las causas del sufrimiento

Los discípulos hicieron esta pregunta con presunción. Juan Calvino sugirió tres razones por las que incurrimos en error al señalar la razón del sufrimiento y vincularlo a un pecado específico.[1] *Primero*, erramos porque vemos el pecado y sus consecuencias en los demás con mucha más facilidad que en nosotros mismos. La *segunda* razón es lo que llamó la gravedad inmoderada. Con eso quería decir que somos malos jueces del sufrimiento cuantificable. ¿Cómo podemos presumir de una percepción adecuada para medir que la consecuencia de ese pecado pudiera ser ese sufrimiento? Calvino afirmó que no tenemos un medidor que nos pueda guiar con ninguna clase de exactitud en esto. Es pura presunción y arrogancia por parte de la criatura tratar de determinar esto.[2] *Tercero*, Calvino escribió que ya no hay ninguna condenación para los que están en Cristo Jesús. Sin embargo, los que son de Cristo todavía sufren.[3] Eso debería advertirnos contra la presunción. Los discípulos vieron una pregunta comprensible, pero Jesús vio a un hombre y lo sanó. Sin embargo, antes de que lo sanara, les hizo un comentario a sus discípulos que era, a la vez, una respuesta y una réplica. Les dijo: «No es que pecó éste, ni sus padres, sino para que las obras de Dios se manifiesten en él» (v. 3).

Jesús afirmó que el eje de atención no estaba en si este o sus padres pecaron. El agente causante aquí tiene un plan, un propósito en mente muy diferente. Este hombre nació ciego para que las obras de Dios se manifestasen en él. Jesús continuó diciendo: «Me es necesario hacer las obras del que me envió, entre tanto que el día dura; la noche viene, cuando nadie puede trabajar. Entre tanto que estoy en el mundo, luz soy del mundo» (vv. 4-5). Cada ser humano, cada creyente en el Señor Jesucristo, y especialmente cada predicador, necesita escuchar esa palabra. Debemos estar conscientes de este mandato a realizar las obras de aquel que nos llamó mientras es de día, ya que la noche viene cuando nadie puede trabajar. Hay un tiempo establecido para nuestro ministerio. Nosotros y nuestros ministerios somos finitos. Con cada tic del reloj, cada vuelta del calendario y cada aliento que inhalamos, nos acerca más a nuestra muerte que a nuestro nacimiento. Avanzamos cada vez más hacia ese momento cuando nadie puede trabajar. Por tanto, debemos hacer lo que Jesús manda. Es necesario hacer las obras del que nos envió, mientras es de día. La noche viene, cuando nadie puede trabajar.

Entonces, Jesús comenzó a enseñar acerca de su identidad, similar a lo que ya nos había dicho en Juan 8. Allí dijo: «Yo soy la luz del mundo; el que me sigue, no andará en tinieblas, sino que tendrá la luz de la vida» (Juan 8:12). En respuesta, los fariseos se le enfrentaron y le dijeron: «Tú das testimonio acerca de ti mismo; tu testimonio no es verdadero» (v. 13). Jesús respondió: «Aunque yo doy testimonio acerca de mí mismo, mi testimonio es verdadero, porque sé de dónde he venido y a dónde voy; pero vosotros no sabéis de dónde vengo, ni a dónde voy» (v. 14). Jesús se reveló a sí mismo como la luz del mundo, pero los fariseos lo reprendieron y lo rechazaron.

Cuando Jesús les habló a sus propios discípulos, repitió la misma frase: «Entre tanto que estoy en el mundo, luz soy del mundo» (Juan 9:5). Como Luz del mundo, Jesús sanó al ciego para que las obras de Dios se manifestaran en él. Observe la manera en que sanó Jesús a ese hombre. Escupió en tierra, hizo lodo con la saliva, aplicó el barro a los ojos del hombre, y le dijo: «Ve a lavarte en el estanque de Siloé» (v. 7). El hombre hizo exactamente lo que le dijo que hiciera, pero la sanidad fue pasiva. Él simplemente se limitó a recibir lo que el Señor hizo por él. Las acciones de Jesús son poderosamente simbólicas puesto que todos somos hechos de barro, del polvo de la tierra.

Seguimos en la narración y leemos las impresionantes palabras de Juan 9:7: «Fue entonces, y se lavó, y regresó viendo». Fue como un hombre ciego, palpando su camino al estanque de Siloé, y regresó viendo. ¿Cómo puede alguien predicar un sermón pequeño sobre eso? La ceguera se convirtió en vista. La oscuridad se hizo luz. Los discípulos vieron a una pregunta, pero Jesús vio a un hombre. Jesús les aclaró a sus discípulos que la ceguera de ese hombre no era una ocasión para que pudieran hacer una pregunta teológica. Al contrario, fue una oportunidad para que el Hijo de Dios encarnado, la luz del mundo, escupiera en la tierra misma que había hecho, tomara la saliva, la untara en los ojos del hombre, y lo enviara a lavarse. El ciego fue, se lavó y regresó viendo.

Usted no puede predicar un sermón pequeño sobre eso, y eso no es ni siquiera el final del texto. Después de que la oscuridad y la ceguera se convirtieron en luz y en vista, los interrogadores vinieron para averiguar lo que eso significaba.

Los vecinos ven una pregunta

Ahora que el hombre ya no era ciego, sus vecinos lo veían como una pregunta. El narrador escribió: «Entonces los vecinos, y los que antes le habían visto que era ciego, decían: ¿No es éste el que se sentaba y mendigaba?» (Juan 9:8). Los vecinos no habían dejado de fijarse en él ya que por definición, en el tiempo del Nuevo Testamento, los ciegos mendigaban. Ellos lo conocían y lo habían identificado. Sin embargo, lo ignoraban, se sentían superiores a él, e incluso pudieron haber sentido compasión de él.

Tenga en cuenta lo que no sucede en este pasaje: Nadie celebra que ese ciego ahora podía ver. Sus vecinos no lo hicieron. Sus padres tampoco. Los fariseos ciertamente no lo hicieron. Note la pregunta que los vecinos plantearon: «¿No es éste el que se sentaba y mendigaba?» Ellos lo conocían como el ciego que se sentaba y mendigaba, pero ahora él ve. Seguimos leyendo: «Unos decían: él es; y otros: A él se parece. Él decía: Yo soy» (v. 9). Nótese la confusión en este punto. Otros decían: «A él se parece». En otras palabras, si uno se acostumbra a ignorar a la gente, todos se parecen. Sin embargo, él seguía diciendo: «Yo soy él. Estaba ciego, pero ahora veo. Ustedes son las personas que me veían cuando yo era ciego, cuando no podía ver. Ahora yo veo y ustedes no me ven».

Las personas le hacían otras preguntas. Es evidente que ellos llegaron a estar bastante seguros de que ese era el mendigo ciego: «Y le dijeron: ¿Cómo te fueron abiertos los ojos?» (v. 10). Él explicó: «Aquel hombre que se llama Jesús hizo lodo, me untó los ojos, y me dijo: Ve al Siloé, y lávate; y fui, y me lavé, y recibí la vista» (v. 11). La respuesta fue precisa y prístina. «Entonces le dijeron: ¿Dónde está Él? Él dijo: No sé» (v. 12). Su respuesta era legítima. El hombre había hecho lo que Jesús le había dicho que hiciera. Cuando regresó, él sabía quién lo había sanado, pero no sabía dónde estaba Jesús.

La siguiente pregunta que se plantea es una de carácter teológico: ¿Era el hombre limpio o inmundo? No podemos rastrear de manera concluyente el sistema bíblico de determinar qué era puro o impuro. Lo que habría determinado si ese hombre debía ser reconocido como limpio era la adjudicación de la naturaleza de ese milagro. El milagro no tenía precedentes en términos de la experiencia que ellos poseían y exigía algún tipo de explicación. Como resultado, la gente trajo al hombre sanado a los expertos —los teólogos—, los fariseos. El narrador escribió: «Llevaron ante los fariseos al que había sido ciego» (v. 13). Ahora las cosas se complican porque era día de reposo cuando Jesús hizo el lodo y abrió los ojos del hombre. Jesús tenía un patrón para sanar a la gente en el día de reposo: el hombre en el estanque de Betesda, el hombre con la mano seca y ahora este hombre. Si había algo que los fariseos no podían soportar era un milagro en día de reposo.

Así que se enfrentaron a un hombre que había sido ciego y fue sanado en día de reposo: «Y era día de reposo cuando Jesús había hecho el lodo, y le había abierto los ojos. Volvieron, pues, a preguntarle también los fariseos cómo había recibido la vista. Él les dijo: Me puso lodo sobre los ojos, y me lavé, y veo» (vv. 14-15). Fue una operación en tres etapas: lodo, lavado, vista. «Entonces algunos de los fariseos decían: Ese hombre no procede de Dios, porque no guarda el día de reposo. Otros decían: ¿Cómo puede un hombre pecador hacer estas señales? Y había disensión entre ellos» (Juan 9:16). Una de las ironías interesantes contenidas en este relato es que el hombre que antes no veía no había identificado a Jesús como el que le había sanado. No obstante, los fariseos ya sabían quién era.

Se formó una división entre los fariseos acerca de si un hombre que era un pecador podía hacer tales señales o no. Volvieron al ciego y le dijeron: «¿Qué dices tú del que te abrió los ojos? Y él dijo: Que es profeta» (v. 17). Eso sí que es una pregunta fascinante. Juan, inspirado por el Espíritu Santo, nos dio el más asombroso peso de la ironía aquí. Los fariseos, los que no podían ver, hicieron la pregunta: «¿Qué dices tú al respecto?» Ahora recuerde, el hombre fue llevado ante ellos porque eran los expertos y, sin embargo, ellos le estaban diciendo: «Danos información». Él lo hizo, y dijo: «Es profeta» (v. 17).

He aquí un hombre que había sido ciego, que había sido ignorado por prácticamente todo el mundo. Ahora estaban pidiéndole respuestas. Se había convertido en teólogo. Él tenía una categoría para Jesús: profeta. Ese hombre que una vez fue ciego no lo sabía todo, pero sabía que ningún pecador podría haberle sanado.

En el versículo 18 leemos: «Pero los judíos no creían que él había sido ciego, y que había recibido la vista, hasta que llamaron a los padres del que había recibido la vista». Como los fariseos no recibieron la respuesta que querían, supusieron que él no era quien decía ser. Así que la gente llamó a los padres del hombre y los llevaron a los fariseos. Eso debió haber sido una experiencia aterradora para ellos, porque dar la respuesta equivocada podría significar para ellos que los expulsaran de la sinagoga. Los padres fueron confrontados con su propio hijo, que debieron haber tenido muchas de las mismas preguntas que los fariseos: ¿Por qué era ciego? ¿Cómo pasó esto? Ahora su hijo, que era ciego y mendigo, veía. Después de haber sido ignorado, ahora es el centro de atención, y también lo son los padres. Los fariseos preguntaron: «¿Es éste vuestro hijo, el que vosotros decís que nació ciego?» (v. 19). Hay que recordar que la ceguera se consideraba una plaga y una maldición. Los fariseos continuaron: «¿Cómo, pues, ve ahora?»

Los padres respondieron: «Sabemos que éste es nuestro hijo, y que nació ciego; pero cómo vea ahora, no lo sabemos; o quién le haya abierto los ojos, nosotros tampoco lo sabemos» (vv. 20-21). Sabían que era su hijo y que nació ciego. Pero en cuanto a cómo ve ahora, «No lo sabemos». O ¿quién le abrió los ojos? «No lo sabemos». Así que responsabilizaron de lo ocurrido a su hijo: «Edad tiene, preguntadle a él; él hablará por sí mismo» (v. 21). Se nos dice que sus padres dijeron eso «porque tenían miedo de los judíos, por cuanto los judíos ya habían acordado que si alguno confesase que Jesús era el Mesías, fuera expulsado de la sinagoga» (v. 22).

La escena cambió de nuevo, y el hombre fue llevado de vuelta para un segundo interrogatorio: «Entonces volvieron a llamar al hombre que había sido ciego, y le dijeron: Da gloria a Dios; nosotros sabemos que ese hombre es pecador» (v. 24). Esa declaración fue una advertencia para que tuviera cuidado. Entonces en el versículo 25 descubrimos cuán teólogo era el individuo: «Entonces él respondió y dijo: Si es pecador, no lo sé; una cosa sé, que habiendo yo sido ciego, ahora veo». Su principal preocupación no era una cuestión de sutileza teológica ni tratar de resolver el dilema de los fariseos. No sería atrapado por el corrupto modo de pensar de ellos. Al contrario, su respuesta fue: «Echen esa pregunta a un lado; esto es lo que yo sé: que yo era ciego —pregúntenles a mis padres— y ahora veo».

Ese es un testimonio cristiano paradigmático. Juan 9 no es solo el relato de un hombre que nació ciego y que ahora ve. El capítulo completo tiene que ver con el despliegue de la gloria de Dios a través del ciego que recibe la vista. Juan teje la narración de manera que demuestra que los que están espiritualmente ciegos son incapaces de ver las realidades espirituales.

Los fariseos le preguntaron al hombre: «¿Qué te hizo? ¿Cómo te abrió los ojos?» (v. 26). Ya habían hecho esa pregunta, y ya había sido contestada. Pero él respondió, una vez más: «Ya os lo he dicho, y no habéis querido oír; ¿por qué lo queréis oír otra vez? ¿Queréis también vosotros haceros sus discípulos?» (v. 27). Esto es lo que descubrimos acerca de ese hombre: No solo era teólogo, sino que también era muy perspicaz y valiente. Tuvo el valor de preguntarles a los fariseos: «Ustedes también quieren ser discípulos de Él, ¿verdad?»

El hombre ve a Jesús como es

Los discípulos vieron una pregunta, Jesús vio a un hombre, y el hombre vio a Jesús como era. El hombre, en son de burla, les preguntó a los fariseos: «¿Es eso lo que está pasando aquí? ¿Ustedes quieren ser sus discípulos?» ¿Cómo respondieron? «Le injuriaron, y dijeron: Tú eres su discípulo; pero nosotros, discípulos de Moisés somos» (Juan 9:28). Esas fueron las mismas personas que dijeron: «Linaje de Abraham somos» (ver Juan 8:33). Jesús respondió: «No, no lo son, porque antes de que Abraham fuese, yo era. Abraham me conocía. Ustedes no son hijos de Abraham».

Ahora ellos le dicen al hombre: «Discípulos de Moisés somos». Los fariseos creen que saben algo cuando dicen: «Nosotros sabemos que Dios ha hablado a Moisés; pero respecto a ése, no sabemos de dónde sea» (Juan 9:29). Imagínese la experiencia de aquel hombre. Estaba ciego y ahora podía ver. Y descubrió que el mundo no era como él pensaba. El mundo no estaba compuesto por personas videntes. ¡Estaba compuesto por ciegos! Hasta ahora suponía que él era ciego y que todo el mundo tenía la vista. Ahora comprende que los ciegos le han rodeado toda su vida.

Entonces el hombre le dijo: «Pues esto es lo maravilloso, que vosotros no sepáis de dónde sea, y a mí me abrió los ojos. Y sabemos que Dios no oye a los pecadores; pero si alguno es temeroso de Dios, y hace su voluntad, a ése oye» (vv. 30-31). ¿Cuántas veces debió haber orado el hombre para recibir la vista en todos esos años sentado allí mendigando? Nunca recibió la vista, hasta que un día llegó Jesús. Ahora podía ver. Y continuó: «Desde el principio no se ha oído decir que alguno abriese los ojos a uno que nació ciego. Si éste no viniera de Dios, nada podría hacer» (vv. 32-33). Ese laico le dijo al panel de teólogos —los expertos en la ley— que si ese hombre no era de Dios, Él no podría hacer nada.

Su respuesta fue la afirmación de una sola cosa: «Respondieron y le dijeron: Tú naciste del todo en pecado, ¿y nos enseñas a nosotros?» (v. 34). Ellos solo afirmaron su defectuosa posición teológica. No habían aprendido nada; todavía pensaban que el juicio de Dios estaba sobre aquel hombre. ¿Qué hace usted cuando tiene un problema teológico que no puede resolver? La única respuesta es que el Dios soberano ha actuado. Sin embargo, si usted es de los fariseos, lo expulsa. Y eso es lo que hicieron (v. 34).

«Oyó Jesús que le habían expulsado; y hallándole, le dijo: ¿Crees tú en el Hijo de Dios?» (Juan 9:35). A ese hombre le habían sido hecho muchas preguntas. Él había respondido de una forma franca y directa con asombroso valor y notable franqueza. Él también había respondido con el conocimiento que podía venir solamente a un hombre que había sido tocado por el Salvador. Ahora aquel que le dio la vista le hizo una pregunta. El hombre respondió: «¿Quién es, Señor, para que crea en él?» (v. 36). Estaba dispuesto a creer cualquier cosa que este Hombre le dijera.

Observe cómo respondió Jesús: «Pues le has visto, y el que habla contigo, él es» (v. 37). El hombre respondió con una sencilla profesión de fe: «Creo, Señor» (v. 38). La salvación había llegado no solo a sus ojos, sino también a su alma. No solo veía, sino que llegó a creer. No solo profesaba con sus labios, sino que también adoró Jesús. Entonces Jesús aclaró todo lo que había sucedido como solo Él puede hacerlo: «Para juicio he venido a este mundo, para que los que no ven, vean, y los que ven, sean cegados» (Juan 9:39). Jesús vino a confirmar la ceguera del mundo. Ya antes, Juan nos enseña que Jesús vino a lo suyo, y los suyos no le recibieron (1:11).

Cuando algunos permanecen ciegos

En marcado contraste con la narrativa, los fariseos hacen entonces una pregunta patética: «¿Acaso nosotros somos también ciegos?» (Juan 9:40). Si usted tiene que preguntar si es ciego, lo más probable es que lo sea. Jesús les contestó con una palabra de juicio severo: «Si fuerais ciegos, no tendríais pecado; mas ahora, porque decís: Vemos, vuestro pecado permanece» (v. 41). Su problema no era con la ceguera física, sino con una ceguera de una categoría completamente diferente. Ellos eran intencional, espiritual y teológicamente ciegos.

No podían ver porque no querían. La realidad mortal de la ceguera es evidente en este intercambio entre Jesús y los fariseos. Aunque Jesús vino al mundo como luz para iluminarlo, el mundo no lo conoció. Isaías escribió: «En aquel tiempo los sordos oirán las palabras del libro, y los ojos de los ciegos verán en medio de la oscuridad y de las tinieblas» (Isaías 29:18). En Isaías 35:5-6 leemos: «Entonces los ojos de los ciegos serán abiertos, y los oídos de los sordos se abrirán. Entonces el cojo saltará como un ciervo, y cantará la lengua del mudo; porque aguas serán cavadas en el desierto, y torrentes en la soledad». Por otra parte, en Isaías 42:6-7 leemos: «Yo Jehová te he llamado en justicia, y te sostendré por la mano; te guardaré y te pondré por pacto al pueblo, por luz de las naciones, para que abras los ojos de los ciegos, para que saques de la cárcel a los presos, y de casas de prisión a los que moran en tinieblas». La luz del mundo trae luz porque Él es la luz. ¿Qué va a hacer usted con esta información? ¿Va a predicar solo un sermón pequeño? La luz del mundo manifiesta la radiante gloria de Dios.

La gloria de Dios se manifiesta

Aunque Juan 9 es una narración complicada, la bisagra de todo esto yace en el versículo 3: «No es que pecó éste, ni sus padres, sino para que las obras de Dios se manifiesten en él». Ahora bien, ¿creemos eso o no? Si lo creemos, eso hace toda la diferencia en el mundo. Aquí existe un universo teológico ilimitado. Es una realidad que estremece la tierra. Ese hombre nació ciego para que las obras de Dios se manifestaran en él.

Los fariseos solo fueron los primeros en rechazar esa teología. Los predicadores actualmente ven esta verdad y la explican restándole importancia a su poder intimidador. La doman como un relato fascinante de un milagro acerca de Jesús, el hacedor de maravillas. La moralizan exhortando a los ciegos a forzar sus ojos para ver. La desmenuzan al negar la fuerza bruta de las palabras de Jesús. Tratan de hacerla solo una simple literatura llena de la ironía que el letrado disfruta. Se disculpan por ella, explicándola como una teología cruda que ahora hemos superado. Desarrollan principios a partir de ella, ofreciendo un conjunto de conocimientos y observaciones prácticas para los sabios y los prudentes. O la transforman en terapia, alentando a todos a abandonar lo falso y encontrar la vista de la autenticidad.

Pero Jesús dijo: «No es que pecó éste, ni sus padres, sino para que las obras de Dios se manifiesten en él». Esto es verdad en cuanto a cada uno de nosotros. Es cierto respecto a cada ser humano que haya vivido o que vivirá. De hecho, es cierto en cuanto a cada átomo y molécula del cosmos. ¿Por qué existe algo? ¿Por qué algo es como es? ¿Por qué existe algo en absoluto? ¡Para que las obras de Dios se manifiesten! Esto es demasiado voltaje para muchos. Esto significa que en los siglos pasados Dios determinó que habría un hombre que sería ciego. Él nació ciego para que Jesús pasara por ahí y escupiera en la tierra, untara los ojos del hombre, lo mandara a lavarse y volviera a ver.

Si usted puede lidiar con esa verdad, entonces no puede predicar un sermón pequeño. No hay moral pequeña aquí. Aquí no hay solo un par de principios que podamos aplicar. Hay todo un universo de significado que voltea al mundo, tal como lo conocemos, al revés. Esa es la realidad del evangelio: viene y revuelve nuestras categorías. Destruye toda la sabiduría convencional. Nos dice que estamos ciegos y que Dios está trabajando con todas las cosas para la manifestación de su propia gloria. La gran pregunta es: ¿Confiamos en Él o no?

Cuando ese hombre tuvo la oportunidad de ver a Jesús, no le pregunto: «¿Por qué estaba yo ciego?» Al contrario, quería saber quién era el Señor. Cristo es la luz del mundo que abrió no solo los ojos de ese hombre, sino también los ojos de todos los que lo ven como Salvador y

Señor. Como pastor, ¿qué va a hacer usted con esta verdad? ¿Va a predicar un sermón pequeño? Pastor, no hay gente pequeña. ¿Cuántas personas pasan todos los días que necesitan desesperadamente el evangelio? Sin embargo, no las vemos.

> No hay textos pequeños,
> porque todos manifiestan la gloria de Dios.
> Si no hay textos pequeños,
> entonces no debe haber sermones pequeños.

Jesús vio a un hombre y lo sanó. Que podamos ver que no hay gente pequeña, solo otros ciegos que necesitan desesperadamente la vista. No debe haber sermones pequeños si creemos que cada partícula y cada ser humano existen para que las obras de Dios se puedan manifestar. No hay gente pequeña. No hay textos pequeños, porque todos manifiestan la gloria de Dios. Si no hay textos pequeños, entonces no debe haber sermones pequeños.

Hay miles de millones de estrellas y toda la infinitud del espacio en expansión por un solo propósito: que Dios determinó salvar a la gente de este planeta a través de la sangre de su Hijo. Todo el cosmos no es más que un teatro para la historia del drama de la redención divina. Sabemos el secreto del universo. Sabemos el secreto de la creación. Sabemos el secreto del significado de la vida. No hay excusa para ninguno de nosotros para que sigamos diciendo: «No sé». Si usted no sabe, no predique. Si usted no sabe, averigüe. Sabemos, por lo que predicamos. Puesto que sabemos, no hay texto pequeño. Y no hay sermones pequeños.

Si entendemos esto y establecemos nuestros ministerios sobre esto, entonces nunca veremos a una persona pequeña. Nunca declararemos a un Dios pequeño. Nunca vamos a anunciar un evangelio pequeño. Nunca sabremos una verdad pequeña. Nunca vamos a tratar un mensaje pequeño. Nunca seremos impulsados por una convicción pequeña. Nunca seremos animados por una pasión pequeña. Nunca vamos a predicar un sermón pequeño. Pero si no creemos esto y ponemos en juego nuestro ministerio acerca de esto, entonces cualquier viejo sermón pequeño será suficiente.

Oración

Padre nuestro, venimos delante de ti a orar para que no haya sermones pequeños. Te pedimos que utilices a tus líderes para predicar tu Palabra poderosa. Oramos para ver tu gloria en todas las actividades y para ver el milagro de que los ciegos espiritualmente obtengan la vista. Para la gloria de Dios, en el nombre de Jesucristo, nuestro Señor, amén.

Confronte la hipocresía

«Pero el Señor le dijo: Ahora bien,
vosotros los fariseos limpiáis lo de fuera del vaso y del plato,
pero por dentro estáis llenos de rapacidad y de maldad».

Lucas 11:39

10

CONFRONTE LA HIPOCRESÍA

John MacArthur
Lucas 11:37-44

Ha sido la pasión de mi corazón convocar a los pastores a salir a la batalla por la verdad en un día en el que la estamos perdiendo. Desde el comienzo mismo de la carta de Judas se nos llama a contender ardientemente por la fe que ha sido una vez dada a los santos, que es la base de nuestra salvación común. Este mandato es serio, ya que algunos hombres han entrado en la iglesia inadvertidos y están causando estragos en la verdad; esta larga guerra contra la verdad comenzó con la caída de Satanás y se prolongará hasta que alcancemos el estado eterno. Este es nuestro tiempo y nuestro lugar en este mundo para ser los guerreros que defiendan la verdad. Aun cuando podemos aprender mucho de Judas al respecto, quiero llevarlos a un pasaje completamente diferente. Quiero darle un vistazo al mayor de todos los guerreros por la verdad, el Señor Jesucristo, y cómo se enfrentó a uno de los principales enemigos de la verdad: la hipocresía.

El encuentro con un hipócrita

En Lucas capítulo 11, nos encontramos con una ilustración en la que Jesús se enfrentó a uno de los muchos terroristas espirituales enclavados en su época. Ese enemigo era uno de los muchos que se habían infiltrado en la estructura religiosa de Israel y al que se le había concedido el lugar más alto de respeto y consideración. Eran tan eficaces y eficientes que todos los aceptaban y los respetaban; tanto que fueron capaces de volver a toda la nación contra el Mesías tan esperado. En los versículos

37-44, presenciamos una comida que se realizó entre Jesús y uno de esos enemigos espirituales, un fariseo.

> Luego que hubo hablado, le rogó un fariseo que comiese con él; y entrando Jesús en la casa, se sentó a la mesa. El fariseo, cuando lo vio, se extrañó de que no se hubiese lavado antes de comer. Pero el Señor le dijo: Ahora bien, vosotros los fariseos limpiáis lo de fuera del vaso y del plato, pero por dentro estáis llenos de rapacidad y de maldad. Necios, ¿el que hizo lo de fuera, no hizo también lo de adentro? Pero dad limosna de lo que tenéis, y entonces todo os será limpio.
>
> Mas ¡ay de vosotros, fariseos! que diezmáis la menta, y la ruda, y toda hortaliza, y pasáis por alto la justicia y el amor de Dios. Esto os era necesario hacer, sin dejar aquello. ¡Ay de vosotros, fariseos! que amáis las primeras sillas en las sinagogas, y las salutaciones en las plazas. ¡Ay de vosotros, escribas y fariseos, hipócritas! que sois como sepulcros que no se ven, y los hombres que andan encima no lo saben.

Este es nuestro gran líder que se rebela contra un proveedor de error. A la mayoría de los lectores le debe parecer extraño que las advertencias y denuncias más graves que Jesucristo pronunciara jamás fueran en contra de las personas religiosas de su época. En la cultura actual, se supone que debemos abrazar a todo el mundo que es religioso, como si todos estuviéramos ocupados en adorar y servir al mismo Dios. Puesto que Jesús era, después de todo, una figura religiosa, parecería que respetaría y aprobaría a las personas religiosas más que nadie, sobre todo a los judíos que se dedicaban de manera meticulosa a la ley del Antiguo Testamento. Pero, la verdad era todo lo contrario.

El desprecio a la religión falsa

Jesús, que es la verdad personificada, entendía a la perfección la verdadera religión. Enseñaba solo lo que era verdad y lo que viene de Dios, y entendía el engaño condenatorio cuando lo veía. Jesús sabía qué fuerza en el mundo tenía el mayor poder para destruir a las almas para siempre. Sabía que de todos los males en el mundo, la religión falsa —sobre todo el judaísmo y el cristianismo apóstatas— era lo peor. El juicio eterno será más severo para los religiosos, en especial para aquellos que pervierten el Antiguo y el Nuevo Testamentos.

Hebreos capítulo 2 revela que el juicio de Dios cae sobre aquellos que tienen indiferencia por su ley; y Hebreos 10 revela que hay una horrible escalada de juicios para los que desprecian al Nuevo Testamento y pisotean la sangre de la alianza, considerándola profana y pervirtiéndola de alguna manera. Los líderes de la religión judía eran apóstatas porque habían pervertido al Antiguo Testamento y rechazaron al Mesías y su salvación. Esos líderes apóstatas también manipularon a los romanos para que llevaran a cabo la ejecución de Cristo que ellos mismos buscaban. En consecuencia, el juicio de los fariseos iba a ser grave, no solo en un sentido temporal con la destrucción de Jerusalén, sino en un aspecto eterno con la condenación de sus almas.

De vuelta a Lucas 11:29, leemos que Jesús había estado hablando con esa gente y les dijo: «Esta generación es mala». Jesús estaba hablando de la gente de su propia nación. De regreso al versículo 14 del mismo capítulo, Jesús sacó un demonio de una persona que fue enmudecida por el mismo demonio. Cuando el espíritu malo salió, el mudo habló y la multitud se maravilló, mientras que otros decían: «Por Beelzebú, príncipe de los demonios, echa fuera los demonios» (11:15). Puesto que la población estaba llegando a la conclusión de que Jesús tenía poder sobrenatural, solo había dos opciones: o bien el poder provenía de Dios, o era de Satanás. La multitud creyó la mentira de los fariseos en cuanto a que Jesús era de Satanás, no de Dios. Ellos afirmaban que Jesús no podía ser de Dios porque contradecía al sistema religioso farisaico, el cual estaba establecido que era «de Dios». Su enfoque de la religión era desastroso, por lo que Jesús los llamó generación mala.

En los versículos 24-26, hablando a la misma multitud, Jesús afirmó:

Cuando el espíritu inmundo sale del hombre, anda por lugares secos, buscando reposo; y no hallándolo, dice: Volveré a mi casa de donde salí. Y cuando llega, la halla barrida y adornada. Entonces va, y toma otros siete espíritus peores que él; y entrados, moran allí; y el postrer estado de aquel hombre viene a ser peor que el primero.

Jesús enseñó que la peor condición posible en la que una persona puede estar es ser moral y religioso, pero no tener a Dios.

Acusados de hipócritas

En otra diatriba que Jesús pronunció sobre los fariseos, dejó muy claro cómo los veía: «¡Ay de vosotros, escribas y fariseos, hipócritas! porque recorréis mar y tierra para hacer un prosélito, y una vez hecho, le hacéis dos veces más hijo del infierno que vosotros» (Mateo 23:15). En el versículo 33, añade: «¡Serpientes, generación de víboras! ¿Cómo escaparéis de la condenación del infierno?» Pastor, si usted va a salir a la batalla por la verdad, tiene que confrontar al enemigo.

El relato en nuestro texto constituye la historia de un fariseo religioso que estaba camino al infierno. Mientras iba, estaba haciendo a otros «dos veces más hijo del infierno» de lo que él era. Como extremista, estaba tomando las almas de otros mientras se condenaba a sí mismo. Ahora bien, los fariseos poseían sensibilidades morales, al parecer, una conciencia activa y fuertes convicciones religiosas. Técnicamente, ellos debían haber encontrado algunos puntos en común y haberse llevado bien con Jesús, pero lo cierto es que fue todo lo contrario. Jesús dijo que aceptaba mucho más a las prostitutas, a los recaudadores de impuestos, a los criminales y a la chusma social que a los religiosos formales. Ese era el caso puesto que Jesús no vino a llamar a justos, sino a pecadores al arrepentimiento.

La religión ciega a la gente en cuanto a la verdad de su pecado, los hace santurrones, les alimenta el orgullo, les aviva la vanidad y produce hipócritas hábiles. Los fariseos eran los más devotos entre los judíos y eran los principales modelos espirituales del pueblo; sin embargo, su interpretación retorcida y distorsionada del Antiguo Testamento no solo los aislaba de Dios, sino de otros también. No creo que todos los fariseos desearan ser hipócritas, pero eso es lo que resulta cuando usted es religioso en el exterior y malo en el interior. La religión falsa obliga a la persona a convertirse en experta en cubrir la corrupción, en adepta a la moral aparente y al ritual, con el fin de continuar con el engaño. Los fariseos no tenían amor por Dios, no conocían el poder del Espíritu Santo, no tenían conocimiento de la verdad y no poseían justicia en absoluto. Eran actores y, como todos los hipócritas, mientras más lo hacían, más convincentes se volvían. Los fariseos eran muy buenos en falsear la religión. En Mateo 23:13 leemos: «Mas ¡ay de vosotros… hipócritas! Porque… ni entráis vosotros, ni dejáis entrar a los que están entrando». El versículo 15 añade: «Recorréis mar y tierra para hacer un prosélito, y una vez hecho, le hacéis dos veces más hijo del infierno que vosotros». Ellos se preocupaban por los pequeños detalles de los rituales y descuidaban los grandes asuntos morales (23:23). Jesús les dijo: «Limpiáis el exterior, no el interior» (v. 25). Y en el versículo 27, afirma: «Sois semejantes a sepulcros blanqueados». Los fariseos rendían homenaje en apariencia a los profetas, pero no se preocupaban por la justicia (v. 29). Jesús expuso completamente a esos falsos líderes usando el lenguaje más incisivo y gráfico posible.

Como pastores, necesitamos recordar que tenemos
la obligación de no aceptar falsos maestros,
al contrario, debemos evangelizarlos.

Una lección en cuanto a confrontar la hipocresía

Aunque Jesús confrontaba a los hipócritas, lo hacía con un propósito misericordioso. Como pastores, necesitamos recordar que tenemos la obligación de no aceptar falsos maestros, al contrario, debemos evangelizarlos. En Lucas 11:37-44, Jesús nos enseñó cómo confrontar a un engañador religioso. Pero esta lección no implica que la respuesta será siempre positiva, porque la situación de Jesús con los fariseos no terminó bien: «Diciéndoles [Jesús] estas cosas, los escribas y los fariseos comenzaron a estrecharle en gran manera, y a provocarle a que hablase de muchas cosas; acechándole, y procurando cazar alguna palabra de su boca para acusarle» (vv. 53-54).

Vemos cómo nuestro Señor confrontó misericordiosamente a los fariseos para exponer su verdadera condición. Contrario al enfoque de

Jesús, en nuestros tiempos, los evangélicos son rápidos en abrazar a los falsos religiosos y a los hipócritas. Es como si hubiera algo de terreno que se pudiera ganar al hacer eso, pero todo lo que los evangélicos están haciendo es ayudar y ser cómplices en la condenación de los hipócritas. Como estudiantes de la Palabra de Dios, tenemos la responsabilidad de confrontar a los falsos maestros acerca de su propia condición. Los hipócritas religiosos tienen corazones no cambiados, están aislados de Dios y son dejados para definir su religión y su espiritualidad por lo que hacen externamente. Esos individuos no necesitan ser cubiertos; necesitan ser confrontados.

La religión de los fariseos era externa; por eso, cuando todo lo que usted tiene es lo externo, entonces elabora sobre eso. Ellos ampliaban las ceremonias, los rituales y las prescripciones. No tenían nada en el interior, así que tomaban la ley básica de Dios en el Antiguo Testamento y la inflaban añadiéndole hasta que se hacía incomprensible. Esto es en esencia lo que el sistema católico romano ha hecho, agregar regulaciones interminables, supuestas revelaciones y requisitos para definir aun más su piedad, mediante una atención particular a minucias rituales. Por lo tanto, exponer su verdadera condición se percibe como un ataque a su sistema. Jesús hizo exactamente eso cuando, en Lucas capítulo 11, lanzó su confrontación al fariseo. La estrategia de Jesús fue abordar directamente la situación y quebrantar las tradiciones del hombre de inmediato.

«Luego que hubo hablado» indica que Jesús había completado su enseñanza a la multitud, en la cual les dijo qué clase de generación perversa eran ellos y cómo teniendo plenitud de luz no tenían vista (Lucas 11:37). Después de esa charla, un fariseo le pidió a Jesús que comiera con él. Los fariseos no eran sacerdotes, sino laicos que eran extremadamente devotos de la ley y la tradición. Ellos habían oscurecido eficazmente la ley mediante adiciones que le hacían a la misma. Habían llegado a ser conocidos como autoridades espirituales en Israel, a quienes el pueblo seguía. Y en el tiempo de Jesús, eran los santurrones, los malos, los degenerados, los hipócritas, los llenos de orgullo y los que maltrataban al pueblo.

Uno de ellos, por razones que no se dan a conocer, invitó a Jesús a comer con él. Esto es impactante, puesto que la animosidad entre los fariseos y Jesús ya se había hecho evidente. Es más, los fariseos incluso habían comenzado a tramar la muerte de Jesús. Sin embargo, no se indica que este fariseo en Lucas 11:37 tuviera un motivo malvado, y no se sabe cuál fuera su motivo al invitarlo.

Ahora, en el Israel antiguo había dos comidas principales: un almuerzo tarde en la mañana y una cena al final de la tarde. Este hombre invitó a Jesús para que almorzara con él. La actividad comenzó inocentemente dado que Jesús aceptó la invitación, entró y se reclinó (v. 37). La postura usual para alguien que iba a departir en una comida social era la posición reclinada. Había un sofá o lugar alargado para sentarse, y los invitados iban para quedarse, reclinarse, conversar y comer. Alguien que invitara en esa manera era para que las personas involucradas llegaran a conocerse unas a otras. Es en ese momento de la narrativa que aprendemos las características de la religión falsa y la hipocresía.

Características de la hipocresía

Amor por lo simbólico

La primera característica de la religión falsa es que ama lo simbólico. Esto no es verdad solo en este caso; es generalmente la verdad en cada religión falsa. Sea que trate acerca de la iglesia católica romana, la ortodoxa griega o cualquier otra religión falsa, se ve que la realidad está ausente y que se sustituye con símbolos. «El fariseo, cuando lo vio, se extrañó de que [Jesús] no se hubiese lavado antes de comer» (11:38). Jesús entró deliberadamente, se dirigió a la mesa y se reclinó. Sabía qué se esperaba de Él, pero no lo hizo. Conocía el ritual usual porque había sido criado en esa cultura. Como resultado, el fariseo se sorprendió —estaba literalmente extrañado— de que Jesús no se hubiese lavado primero ceremonialmente.

La palabra clave aquí es «ceremonialmente». El asunto no era con el polvo del camino ni con la higiene, sino con el símbolo ceremonial desarrollado en la práctica judaica. En el caso de que un judío hubiera tocado a un gentil ese día, o tocado algo que un gentil hubiese tocado, o hubiera tocado algo inmundo, se le exigía que representara su deseo de ser limpio de todo contacto contaminante en el mundo mediante el lavamiento ceremonial de sí mismo.

De acuerdo a la tradición judía, hay ciertas maneras en las que se puede hacer el lavamiento. Sin embargo, ¿se pueden conseguir estos detalles en el Antiguo Testamento? No, porque no tienen nada que ver con él. Este era un acto carente de pureza ceremonial que no hacía nada por la corrupción del corazón. Eso es exactamente de lo que Jesús estaba hablando en Mateo 15 cuando dijo que los líderes religiosos habían sustituido el mandamiento de Dios por tradiciones de los hombres. No podían mantener los mandamientos de Dios, por lo que inventaron tradiciones necias.

Jesús entró, se sentó y, en efecto, dijo: «No estoy interesado en tus símbolos ni quiero pertenecer a tu club». Jesús estaba dispuesto a insultar al hombre con el fin de confrontar su condición espiritual. El hombre estaba obsesionado con los símbolos porque la religión falsa se traba en los símbolos. Los hipócritas aman lo simbólico.

Amor por lo pecaminoso

La segunda característica de la religión falsa es el amor por lo pecaminoso. Aunque Jesús y el fariseo no habían dicho nada todavía, Jesús sabía exactamente lo que el fariseo estaba pensando. El fariseo solo estaba parado allí, asombrado porque Jesús no había tomado agua para escurrirla entre sus dedos (Lucas 11:38). Acaso, ¿dijo el Señor al hombre: «Gracias por invitarme a almorzar»? No. ¿Dijo: «Gusto en conocerte. Me alegra saber que eres religioso. Adoramos al mismo Dios, Jehová»? No, no dijo nada de eso. Lo que dijo fue: «Ahora bien, vosotros los fariseos limpiáis lo de fuera del vaso y del plato, pero por dentro estáis llenos de rapacidad y de maldad» (v. 39). Jesús fue directo al meollo del asunto y expuso que el fariseo en realidad amaba lo pecaminoso. Jesús leyó la mente del hombre; este estaba turbado porque Jesús rechazó lo simbólico, de modo que Jesús confrontó la superficialidad del hombre de inmediato y sin disculparse.

La analogía elegida por Jesús fue muy buena, ya que estaban sentados a la mesa listos para almorzar. ¿Quién oyó de lavar solo la parte exterior del plato cuando es el interior lo que contiene la comida? No tiene sentido lavar solo el exterior y colocar la comida en el interior. Jesús afirma que este hombre estaba limpio donde no importaba que lo estuviera. El lavamiento ritual puede haber limpiado el exterior del cuerpo, pero su interior estaba lleno «de rapacidad y de maldad» (v. 39). La palabra «rapacidad» significa saqueo, pillaje, violación, tomar algo con violencia, por la fuerza. Los fariseos estaban saqueando la vida de las personas y abusando de ellos como terroristas espirituales. Jesús también mencionó que el fariseo estaba lleno de «maldad», lo que implica una mala disposición, ya que su sinónimo es villano. Mientras más estudio los evangelios más me impresiona el abordaje directo que Jesús empleaba. Él vio que este hombre era como los falsos profetas que le precedieron, que devoraban al pobre, que ejercían su hipocresía para su propio beneficio y abusaban de las almas de las personas. Este hipócrita sentía amor por lo pecaminoso.

Amor por lo simplista

La tercera característica de la religión falsa y la hipocresía es que ama lo elemental. Jesús continuó de manera incisiva: «Necios, ¿el que hizo lo de fuera, no hizo también lo de adentro?» (v. 40). Los fariseos eran ritualmente superficiales en su teología. Es necesario aclarar aquí que algo que es simple tiene un significado claro y no es complejo. Sin embargo, *simplista* significa ser excesiva e irracionalmente simple. Uno debe ser un necio para estar en una falsa religión y ser proveedor de ella, puesto que vive con la realidad simplista de que Dios solo se preocupa del exterior. La palabra griega traducida «necios» podría manipularse para que dijera «descerebrados» o «mentecatos». Los fariseos estaban destituidos del conocimiento de la verdad y vivían delante del Dios que afirmaban adorar, pensando que estaría satisfecho con lo exterior y que no le preocupaba el interior. Los hipócritas saben lo que son en el interior. En 1 Corintios 2:11, Pablo escribió: «¿Quién de los hombres sabe las cosas del hombre, sino el espíritu del hombre que está en él?» Todo el mundo conoce su propio corazón. Ser un humano significa que usted está consciente de sí mismo y sabe lo que está pasando dentro de usted.

Es axiomático decir que el espíritu del hombre sabe lo que está dentro del hombre. Por lo tanto, ¿por qué va a pensar alguien que un Dios santo se contenta con que un individuo sea ritualmente limpio sin tener en cuenta su interior? En verdad, no parece ser un acto inteligente entender que si el Creador se preocupa por el exterior, también se preocupa por el interior. ¿Cuán ridículos e inmaduros eran esos fariseos? Se suponía que eran maestros de la profunda verdad divina, que conocían a Dios, que eran justos y que eran modelo de virtud y santidad. Sin embargo, pensaban que a Dios no le interesaba lo que estaba sucediendo en sus corazones miserables. Pablo escribió en Romanos 2:29: «Es judío el que lo es en lo interior, y la circuncisión es la del corazón». Incluso los judíos sabían que Dios se preocupaba por lo interno. En Lucas 11:41, Jesús continuó: «Pero dad limosna de lo que tenéis, y entonces todo os será limpio». En esencia, lo que le dijo al hombre fue que cuidara de su corazón, que dejara que este se dirigiera a los pobres y a los que están en necesidad. Es como si Jesús estuviera diciendo: «Tienes toda tu dádiva superficial de limosna, todas tus oraciones falsas, todos tus ayunos falsos, todas tus ceremonias hipócritas y, sin embargo, despojaste a las personas en aras de la ganancia personal. Los usaste, los maltrataste y los robaste. No puedes creer que Dios no se preocupa por tu corazón».

Los fariseos no eran los únicos en eso de amar lo simplista. Eso todavía ocurre hoy, en la actualidad. Por ejemplo, pregúntese: ¿cómo puede un sacerdote católico romano ser tan simplista que ande vistiendo sotana, participar en todas las ceremonias y los rituales, presentarse como un santo hombre de Dios, y salir y ser inmoral sexualmente como una forma de vida?

En el caso de los fariseos, puede que no haya habido inmoralidad sexual, pero en definitiva involucraba el devorar a los pobres y abusar de las personas. ¿Cómo no volverse loco con la culpa para estar de pie y presentarse como una persona santa aun estando en pecado habitualmente? Por desdicha, esta es una epidemia en cada religión falsa puesto que el corazón nunca ha sido cambiado. Y hay hombres, incluso que predican el verdadero evangelio, que se convierten en hipócritas muy hábiles. Cuanto más tiempo lo hacen, más hábiles se vuelven, más aquietan su conciencia y más grande es el desastre cuando al final se revela. Así que debemos recordar que Dios es el Dios de lo interior y de lo exterior. No podemos ser simplistas como los fariseos.

Amor por lo secundario

La cuarta característica de los hipócritas religiosos es que aman lo secundario. Note el reproche de Jesús en el versículo 42: «¡Ay de vosotros, fariseos! que diezmáis la menta, y la ruda, y toda hortaliza, y pasáis por alto la justicia y el amor de Dios. Esto os era necesario hacer, sin dejar aquello». Ahora bien, es importante recordar que Jesús había sido invitado a almorzar para que el hombre pudiera recabar más información de él. Pero Jesús desenmascaró el amor del hombre por lo simbólico, lo pecaminoso y lo simplista. En los siguientes tres versículos Jesús pronunció tres maldiciones sobre el hombre; y no solo sobre el fariseo, sino sobre todos los fariseos. Jesús hizo el diagnóstico de manera instantánea y pronunció el juicio casi al instante.

«¡Ay!» ya ha sido usada en el Evangelio de Lucas en varias ocasiones contra ciudades sobre las cuales nuestro Señor pronunció juicio. En Mateo 23, Jesús dice «¡ay!» varias veces cuando hablaba a los hijos del infierno que iban camino a la destrucción, y los cuales tendrían mayor condenación. Por lo tanto, cuando Jesús dice «¡ay!» en Lucas 11, mencionó una palabra de juicio sobre este hombre. ¿Por qué? «Mas ¡ay de vosotros, fariseos! que diezmáis la menta, y la ruda, y toda hortaliza, y pasáis por alto la justicia y el amor de Dios» (v. 42).

Los fariseos no entendían lo primordial, amaban lo secundario. Al igual que todas las personas religiosas que no conocen a Dios, los fariseos solamente hacían las cosas externas que podían hacer, no aquellas cosas que provienen del corazón. El Antiguo Testamento requiere que una décima parte del grano, del vino, del aceite y del rebaño de una persona se le diera a los levitas (Deuteronomio 14). Otra décima parte era para proveer para la fiesta nacional (Levítico 27). También, cada tercer año, otra décima parte era para dársela a los pobres (Deuteronomio 26). Toda esa dádiva se efectuaba con la intención de ayudar a financiar la teocracia, pero no había ningún mandamiento en el Antiguo Testamento de diezmar a este mínimo nivel farisaico. ¿Se imaginan ir al templo con una bolsa de semillas y colocar una de cada diez en un recipiente? Es más, la Mishná establece que los condimentos como sal estaban exentos del diezmo. Las observaciones fariseas eran ridículas.

Los fariseos no tenían disposición para la justicia ni corazón para Dios. No podían amar al Señor su Dios con ninguna parte de su corazón, ninguna parte de su mente, ninguna parte de su alma, ni ninguna parte de su fuerza. Tampoco podían amar a su prójimo como a sí mismos. Al contrario, prestaban atención a lo que no tenía importancia y jugueteaban con las minucias.

Amor por la posición social

La quinta característica de la religión hipócrita es el amor por la posición social. En el versículo 43 leemos: «¡Ay de vosotros, fariseos! que amáis las primeras sillas en las sinagogas, y las salutaciones en las plazas». A los falsos líderes religiosos les encanta que les rindan reverencias, veneración, admiración y les otorguen posiciones elevadas. Buscan designaciones largas e interminables que de alguna manera les den mayor estima con la gente. Las primeras sillas en las sinagogas estaban de frente a la congregación, por lo que esos líderes se sentaban allí para que todo el mundo presenciara su esplendor. Les encantaba promocionarse a sí mismos.

En Mateo 23:5-12 vemos que a aquellos hombres les gustaba que los llamaran padre, rabino y maestro. Les encantaba que los recibieran en el mercado. Sin embargo, su ambición por posiciones a los ojos del pueblo era una modalidad de idolatría. En Juan 5:44 nuestro Señor les pregunta a los líderes judíos: «¿Cómo podéis vosotros creer, pues recibís gloria los unos de los otros, y no buscáis la gloria que viene del Dios único?» Ahora, esa es la imagen de los falsos líderes religiosos, que dicen amar a Dios, amar a la gente, tener una comprensión absoluta de la espiritualidad y la religión, ser santos, justos y virtuosos pero, en realidad, lo único que les importa es recibir la gloria y la alabanza de la gente. Son terroristas espirituales que, literalmente, llevan a las personas al infierno con ellos.

Jesús concluyó esta acusación en Lucas 11:44: «¡Ay de vosotros, escribas y fariseos, hipócritas! que sois como sepulcros que no se ven, y los hombres que andan encima no lo saben». El Señor estaba diciendo: «Declaro condenación sobre ustedes, debido a lo que les hacen a las personas que tienen cerca». Esta vez, la sentencia no era por su propio mal, sino por el mal transmitido a los demás. La nación entera de Israel había caído en sus mentiras e hipocresía. Ellos siguieron en la misma maldad, y su fin fue el mismo juicio.

Jesús usa la analogía de las tumbas porque el Antiguo Testamento prohibía a los israelitas tocar los cadáveres (Levítico 21). Si una persona tocaba un cadáver, se le consideraba ceremonialmente contaminada y no podía observar la Pascua, según Números 29. Para ser limpia una vez más, tenía que participar en la ceremonia de purificación. De hecho, Números 29 describe un procedimiento de purificación de siete días que era una molestia llevarla a cabo. Debido a las prohibiciones de la ley, todas las tumbas se marcaban para garantizar que nadie las tocara por accidente. Las tumbas eran blanqueadas para que las personas no se acercaran a ellas ni se contaminaran.

Los que servimos en el ministerio debemos aprender del modelo de Jesús para enfrentar el mal por el beneficio misericordioso de la persona que lo provee.

Jesús dijo que los fariseos eran como una tumba sin marcar. La gente entraba en contacto con ellos y no tenía idea de que los estaban corrompiendo. Y la contaminación que experimentaban no solo era ceremonial, sino también espiritual, puesto que su alma corría peligro. Jesús sabía cuán importante era abordar ese tema. Con compasión, le dio a este fariseo la oportunidad de verse a sí mismo como realmente era, pero al final, la respuesta fue hostilidad (Lucas 11:53).

La responsabilidad de exponer la hipocresía

Los que servimos en el ministerio debemos aprender del modelo de Jesús para enfrentar el mal por el beneficio misericordioso de la persona que lo provee. Tenemos la responsabilidad de exponer a esa persona a sí misma, así como ante los demás. El encuentro de Jesús comenzó siendo privado, pero a partir de allí, Él lo amplió a un grupo más grande, y más tarde este grupo captó el mensaje y fue debidamente confrontado.

También tenemos que asegurarnos de que no nos convirtamos en algo parecido a esos hombres. No queremos quedar atrapados en símbolos; queremos ser auténticos. No queremos vivir en una especie simplista de esquizofrenia en la que nos engañemos nosotros mismos estando limpios en el exterior, mientras que en el interior nuestras mentes y nuestros corazones están llenos de pecado. No queremos pasar nuestras vidas perdiendo el tiempo con asuntos secundarios y reordenando sillas de playa en el Titanic. No queremos engañar con lo que no importa. No queremos buscar posición, exaltación o gloria. Más bien, debemos ser personas que amen la justicia, amen a Dios, amen a Cristo, amen la verdad bíblica, amen a los demás, y amen la pequeñez y la humildad. De manera que los que estén bajo nuestro cuidado, cuando se encuentren con nosotros, no sean corrompidos ni expuestos a la muerte, sino a la vida.

Oración

Padre, te damos gracias por tu Palabra y por la oportunidad de presenciar el almuerzo de este fariseo con nuestro Señor. Vemos a Jesús como una figura solitaria con toda la nación en su contra. Él era el único capaz de dar la batalla para exponer a los engañadores y para desenmascarar a los terroristas espirituales. Nuestro Salvador siempre fue misericordioso al decir la verdad acerca de la condición espiritual de una persona. Que sigamos adelante en el espíritu de nuestro Señor Jesucristo para compadecernos del pecador quebrantado y confrontar a los hipócritas religiosos. Ayúdanos a hablar la verdad en amor y con misericordia, pero también a no retener nada. Líbranos de ser hipócritas, de modo que no vivamos de una manera ante nuestro pueblo y de otra delante de ti. Queremos seguir junto a nuestro Salvador, en cuyo nombre oramos, amén.

¿Qué está haciendo falta en el servicio de su iglesia?

«Entre tanto que voy, ocúpate en la lectura,
la exhortación y la enseñanza».

1 Timoteo 4:13

11

¿QUÉ ESTÁ HACIENDO FALTA EN EL SERVICIO DE SU IGLESIA?

Austin T. Duncan

Escrituras seleccionadas

¿Qué está haciendo falta en el servicio de su iglesia? ¿Se trata de un nuevo enfoque para dar la bienvenida a los visitantes, nuevas canciones en la lista establecida o la necesidad de volver a examinar la prohibición de beber café en el auditorio? Estas cosas pueden estar faltando en su iglesia, pero las nuevas canciones, el café y una nueva persona dando los anuncios no son parte integral de un servicio de la iglesia bíblica. Aunque la mayoría de los miembros de las congregaciones en Estados Unidos observan el bautismo, participan de los elementos de la Santa Cena, cantan juntos y se sientan bajo la predicación, a menudo se olvidan de dos elementos clave para un servicio como el de la iglesia bíblica: la lectura pública de las Escrituras y la oración pastoral. Las Escrituras recomiendan estas formas de culto, que no son solamente bíblicas sino tremendamente beneficiosas para su congregación. Como pastores, debemos esforzarnos por beneficiar a nuestro pueblo mediante la lectura de la Palabra de Dios públicamente y orar colectivamente a Dios de manera convincente y eficaz.

El problema

Cuando se hace la lectura de las Escrituras en público, los pastores a menudo lo hacen sin el cuidado adecuado, reparo o atención. Pocos toman en consideración la interpretación oral, promoviendo lectores de la Escritura poco rigurosos cuya lectura sin orden ni concierto transmite una visión igualmente negligente de la Escritura. Los líderes de la iglesia dan los anuncios con más ornato que cuando leen la incomparable Palabra de Dios. En lo que respecta a la oración congregacional, los feligreses practican la intercesión «libre» siguiendo los movimientos espasmódicos de la somnolienta tía Edna o cosas por el estilo. A veces la oración colectiva se convierte en una sesión de chismes, una versión más espiritual de los anuncios de la iglesia, o un catálogo de enfermedades de una página médica de la Internet. Como pastores, tenemos que ser más eficaces en estas áreas, porque los ingredientes de nuestros servicios de adoración no dependen de nosotros sino que, en última instancia, son establecidos por Dios. La lectura corporativa truena la voz de Dios y la oración pastoral mueve montañas. En resumen, son importantes.

La lectura pública de las Escrituras: Apoyo bíblico

Geoffrey Kirkland escribe: «La lectura de las Escrituras es la lectura reverencial, repetitiva, corporativa y audible de la palabra de Dios en la reunión periódica de los creyentes con el propósito de reforzar lo que Dios ha dicho, comprometiéndose uno mismo de nuevo a la obediencia, y reconociendo tanto la santidad de Dios como la que Él demanda de sus adoradores».[1]

Las palabras clave electrónicas son *reverencial, repetitivo, corporativo* y *audible*. Esta lectura pública es distinta de la lectura del texto que se hace para el sermón.

En Deuteronomio 31:9-13 Moisés inicia un patrón de lectura pública de las Escrituras:

> Y escribió Moisés esta ley, y la dio a los sacerdotes hijos de Leví, que llevaban el arca del pacto de Jehová, y a todos los ancianos de Israel. Y les mandó Moisés, diciendo: Al fin de cada siete años, en el año de la remisión, en la fiesta de los tabernáculos, cuando viniere todo Israel a presentarse delante de Jehová tu Dios en el lugar que él escogiere, leerás esta ley delante de todo Israel a oídos de ellos. Harás congregar al pueblo, varones y mujeres y niños, y tus extranjeros que estuvieren en tus ciudades, para que oigan y aprendan, y teman a Jehová vuestro Dios, y cuiden de cumplir todas las palabras de esta ley; y los hijos

de ellos que no supieron, oigan, y aprendan a temer a Jehová vuestro Dios todos los días que viviereis sobre la tierra adonde vais, pasando el Jordán, para tomar posesión de ella.

Antes que Israel entrara en Canaán, Moisés prescribió la lectura periódica de la Torá para garantizar su fidelidad al pacto. Las personas necesitaban ser expuestas al libro de la ley oyendo periódicamente la lectura de la Palabra. Escuchar la Palabra era un recordatorio de que la fuente de ella no era el pueblo ni incluso su liderazgo, sino Dios. Y aunque las generaciones futuras no escucharían la voz de Dios de forma audible como la generación anterior lo hiciera en el Sinaí, todavía podrían escuchar su voz en su Palabra reveladora. El objetivo de la lectura pública de la Escritura era preservar a los hijos de Israel como un pueblo santo, siempre dependiente de la Palabra de Dios.

A lo largo de los acontecimientos trascendentales en la vida de Israel, la tradición de leer en voz alta la Palabra de Dios continuó en Éxodo, Josué y Nehemías. Los salmos también encomendaban la lectura audible, ya que algunos de ellos están destinados a ser antifonales o para la lectura antifonal, la cual se realiza con dos grupos de personas que hablan o recitan entre sí las diferentes partes de los salmos. Como un dúo musical, los sacerdotes y el pueblo de Israel cantan juntos alabanzas al Señor. En Deuteronomio 27 y Josué 8, las personas se relatan las palabras de Dios una a otra. La lectura de la Palabra era una confesión de la verdad, un refuerzo de la alianza y un recordatorio de la importancia de la revelación de Dios a su pueblo.

En el periodo intertestamentario se formaron sinagogas en las que el pueblo de Dios se reunía y seguía una lectura programada. Everett Ferguson escribe: «El servicio de la sinagoga incluía lecturas de la Escritura, intercaladas con salmos, cantos, sermones, oraciones y limosna. Encontramos los mismos elementos en los primeros relatos acerca de la adoración, la lectura, el canto, la predicación, la oración y el ofrendar cristiano».[2] Eso luce muy parecido a un servicio de iglesia.

En Lucas 4, Jesús el rabino abrió el rollo de Isaías, y leyó poderosamente la Palabra de Dios diciendo: «Hoy se ha cumplido esta Escritura delante de vosotros» (v. 21). Eso no era una práctica inusual; era la norma para la adoración que se dirigía en tiempos de Jesús.

La práctica neotestamentaria de la lectura de la Biblia continuó después de la resurrección de Cristo. Primera Timoteo 4:13 dice: «Entre tanto que voy, ocúpate en la lectura, la exhortación y la enseñanza». Sin volvernos demasiado técnicos, se puede hacer un caso en cuanto a que este pasaje no se trata de una simple lectura de un texto por el bien de la exposición, sino de instituir una práctica independiente que debía ser hecha por los cristianos. La evidencia más obvia de esto es que hay tres elementos enumerados aquí: la lectura de las Escrituras, la exhortación y la enseñanza. Se identifican tres elementos claramente separados y Pablo exhorta a Timoteo a dedicarse a hacer las tres cosas en el contexto pastoral. Phillip Towner lo describe así: «Una práctica comunitaria diseñada para sacar a la congregación de las aguas estancadas no ortodoxas de la lectura herética de ciertos textos, y dirigirla de nuevo a la corriente principal de la historia bíblica».[3] La gente era propensa a caer en mitos y cuentos apócrifos, por lo que Timoteo recibió la orden de leer las Escrituras de forma que la gente se mantuviera fiel a la Palabra de Dios.

Las epístolas proporcionan otros ejemplos de la iglesia primitiva en cuanto a leer las Escrituras públicamente. Los cristianos compartían esas cartas entre las iglesias, las leían en voz alta en sus reuniones y las trataban como Escritura. Pedro confirmó que los escritos apostólicos estaban a la par del Antiguo Testamento (2 Pedro 3:16), por lo que los cristianos debían continuar la lectura del Antiguo Testamento, así como de las cartas apostólicas con el fin de conocer la revelación plena de Dios (Efesios 5:19; Colosenses 3:16). Esta es razón suficiente para que nosotros hagamos la lectura pública de las Escrituras.

La lectura pública de las Escrituras: los beneficios

La lectura pública de la Escritura bíblica es más que eso simplemente, es beneficiosa. Veamos cuatro beneficios que la lectura pública de la Escritura proporciona.

Combate el uso anémico de la Escritura

Primero, leer la Escritura públicamente intensifica el uso que usted le da a la Escritura. Cuando usted abre la Palabra de Dios y la lee sin un comentario, introducción o explicación necesaria, refuerza lo que cree acerca de la Escritura, ya que escucha la Escritura que es de Dios. Hay una diferencia entre un servicio religioso que se enfoca exclusivamente en los aspectos horizontales de la adoración y uno que fija su mirada en modo vertical y oye a Dios intencionadamente.

Hay cierta reverencia que proviene de la sencilla lectura de la Palabra de Dios que simplemente no encaja en la mayoría de los servicios de adoración, porque estos se preocupan por no abrumar a la congregación con la Biblia. Algunos pastores no quieren distracciones en cuanto al mensaje que preparan ni en cuanto a sus introducciones inspiradoras. Estas acciones muestran que el liderazgo de la iglesia no entiende la naturaleza y el poder de la Escritura. Su doctrina acerca de la Escritura es débil si usted no da espacio para la lectura pública de las Escrituras. La práctica de leer la Escritura públicamente conecta al cuerpo de la iglesia con la Escritura y con una sólida doctrina bíblica, mostrando conciencia del poder de la Palabra.

Las iglesias en las que crecí y serví antes de llegar a Grace Community Church nunca hicieron eso. Así que la primera vez que mi esposa y yo asistimos a Grace Community Church, vimos al pastor MacArthur abrir la Biblia y leer un capítulo completo. Esa lectura fue seguida de inmediato por una larga oración pastoral centrada y aleccionadora. Al principio, no me molestaba estar tanto tiempo de pie, pero estaba claro que comentarios como: «Damas y caballeros, vamos a escucharlos hacer algo de ruido para Jesús» o «Un aplauso para el Señor» no encajaban en tal escenario. Escuchar la lectura sostenida de la Palabra de Dios, lo obliga a uno a darse cuenta de que una iglesia tiene la Palabra de Dios en alta estima.

La lectura pública de la Palabra de Dios guía el servicio hacia el Dios que habla en la Escritura.

Pastor, cuando usted ejecuta esta práctica en su servicio de adoración, y lo hace bien, enseña a su gente a amar la Palabra de Dios y a depender solamente de ella. Eso tiene el efecto de doble filo de Hebreos 4:12. Nos recuerda que no somos el centro. La Palabra de Dios puede y va a trabajar aparte de nuestros conocimientos expositivos. Una historia de C. H. Spurgeon ilustra este efecto. Cuando Spurgeon estaba probando la acústica del Palacio de Cristal de Londres, se subió al púlpito y dijo: «He aquí el Cordero de Dios, que quita el pecado del mundo» (Juan 1:29). Un obrero que estaba en una de las galerías escuchó esa declaración y se convirtió. Esto sirve como un recordatorio del poder inherente de la Palabra de Dios. ¿La eficiencia de la Escritura le hace a usted menos importante? ¡Sí! ¿Y no es grandioso saber que el poder no está en usted?

La lectura pública de la Palabra de Dios guía el servicio hacia el Dios que habla en la Escritura. Nos recuerda que la revelación en sí misma es una misericordia. Muestra el poder de Dios para salvar y siempre cumple su propósito (Isaías 55:10-11). Confronta el pecado en la congregación (Santiago 1:23-25). Aunque puede que usted no predique sobre la inmoralidad sexual en una semana determinada, tal vez haya alguien en la congregación que necesite escuchar una advertencia acerca de ese pecado específico y su lectura de 1 Tesalonicenses 4 trata con eso. ¡Alabe a Dios en su providencia porque tuvo una palabra para su congregación que usted no preparó!

Sin embargo, muchas iglesias evangélicas envían la lectura de la Escritura a las escuelas, manteniéndola fuera de la vista y de la mente. «Es irónico», escribe un autor, «que incluso entre los evangélicos, las personas que más se ven a sí mismas como gente de la Biblia, haya tan poco entusiasmo por la lectura pública de ella».[4] No obstante, la lectura de la Biblia es poderosa puesto que creemos en su claridad; creemos que la Escritura es inherentemente clara. David F. Wells, en su libro *Dios en el yermo*, habla sobre el tema de la infalibilidad:

> La cuestión de la inerrancia se centra básicamente en la *naturaleza* de la Biblia. Es completamente posible para aquellos que han jurado defender el concepto de la inerrancia bíblica operar como si no tuvieran tal palabra en sus manos. De hecho, sucede todo el tiempo. Y la triste realidad es que cuando la naturaleza de la Biblia estaba siendo objeto de debate, la Biblia misma fue cayendo silenciosamente en desuso en la iglesia… Sin esta Palabra trascendente en su vida, la iglesia no tiene timón, ni brújula, ni provisiones. Sin la Palabra la iglesia no tiene capacidad

para trascender la cultura, para detectar las seducciones de la modernidad y liberarse de ellas. Sin la Palabra la iglesia no tiene sentido.[5]

Cura la amnesia histórica

Segundo, la lectura en voz alta de la Escritura cura la amnesia histórica. Ferguson escribe: «No hay que olvidar que la principal oportunidad de familiarizarse con las Escrituras, para la mayoría de los cristianos, era escucharla cuando se leía en la iglesia».[6] Por tanto, la lectura periódica y constante de la Biblia ocupa un lugar clave en la historia de la iglesia primitiva. Obviamente, esa iglesia no tenía un ejemplar propio de la Escritura cubierto en cuero o forrado en piel acolchada. Los creyentes no tenían una pila de Biblias en su hogar. Al contrario, escuchaban la lectura de la Escritura cuando se reunían. La lectura de las Escrituras no es solo una práctica privada, es una costumbre comunitaria que se ha hecho a lo largo de toda la historia de la Iglesia.

La lectura pública se hizo por primera vez en las sinagogas, y tan pronto como la edad apostólica terminó, somos testigos del testimonio de un hombre como Justino Mártir, que escribió: «En el día llamado domingo se realiza una asamblea de creyentes en algún punto común —a través de la ciudad y el país—, en la que los escritos de los apóstoles o los libros de los profetas se leen públicamente, siempre y cuando el tiempo lo permita». Eso fue escrito aproximadamente en el año 158 d.C. A medida que usted continúa a través de la historia de la iglesia, en el siglo IV emerge un patrón litúrgico dominante que incluye múltiples lecturas: una del Antiguo Testamento y dos de los evangelios. Durante la lectura final, la gente se pone de pie. Ahora bien, no estoy llamando a la iglesia a emular esas particularidades de la tradición histórica. Más bien, lo que quiero es señalar por qué nuestras congregaciones se ven tan diferentes de las iglesias de hace más de mil años y hasta de hace cientos de años. Durante dos mil años, la iglesia observó la lectura pública de las Escrituras. ¿A dónde se fue esa práctica?

La iglesia de hoy se preocupa por hacer videos contemporáneos e impresionantes para el día del padre o por poner una cama en lo alto del techo para promover una serie sobre la intimidad conyugal. Es lo que Tomás Bergler escribe en su libro *La infantilización del cristianismo estadounidense.* Él califica a la iglesia actual como un grupo de jóvenes con esteroides. No estoy condenando a los jóvenes, pero hay que decir algo acerca de dejar que nuestro tiempo de adoración colectivo sea prescrito por Dios y no por la cultura. Tenemos que tratar de agradar a Dios en nuestra adoración, no complacer al mínimo común denominador. La historia de la iglesia puede exponer nuestra locura y mostrarnos una forma más madura. Los cristianos han estado leyendo la Biblia en sus servicios de adoración desde hace dos mil años; hay muchos más ejemplos de la lectura de las Escrituras en la historia de la iglesia (ver Bryan Chapell, *Christ-Centered Worship* 2ª ed [Grand Rapids, MI: Baker, 2009], pp. 220-233). No cambiemos esa herencia por una presentación de diapositivas del Día de la Independencia.

Piedra angular de la predicación expositiva

Tercero, la lectura pública de la Escritura constituye la piedra angular de la predicación expositiva. La predicación comienza con aprender a leer su Biblia en voz alta. La primera vez que escuché al pastor MacArthur predicar, me quedé muy sorprendido por la forma en que leyó la Biblia. Me di cuenta de que él entendía lo que significaba. Antes de llegar a cualquier explicación o de dar cualquier esquema, brindaba la interpretación incluso con la forma en que se detenía y hacía hincapié en ciertas partes del pasaje. También recuerdo la conferencia a los pastores que se realizó hace aproximadamente diez años cuando Mark Dever estaba aquí. Él leyó en Ezequiel capítulo 1 y me sentí deshecho como el profeta con solo escuchar el pasaje. En sus lecturas de la Escritura, estaba claro que estos dos hombres tenían la Palabra en alta estima. La piedra angular de una buena predicación es una buena lectura.

Jeffery D. Arthurs, en su libro *Dedíquese a la lectura pública de las Escrituras*, escribe: «En muchas iglesias, la lectura pública de la Biblia es poco más que carraspeo homilético antes del sermón».[7] Cuando usted lee la Escritura sin explicaciones, está diciendo algo acerca de la naturaleza fundamental y reveladora de la Escritura. Como expositores nosotros, entre todas las personas, debemos tener confianza en que la Palabra de Dios puede hablar por sí misma. Y eso es precisamente lo que hace cuando se lee.

Contrarresta el servicio enfocado en el hombre

Cuarto, la lectura pública de la Escritura contrarresta el servicio enfocado en el hombre. Eso cultiva la reverencia y la sobriedad que ya he mencionado. Una grey que lee la Palabra es una iglesia que está apuntando al cielo. Qué alegría es estar bajo la Palabra hablada en presencia de otras personas que están diciendo: «Nos sometemos a esta santa Palabra. Es nuestra guía. Es nuestro Dios. Él ha hablado». No es algo que usted puede retransmitir en vivo.

Lectura pública de las Escrituras: Cómo hacerlo bien

Para que podamos hacer bien la lectura pública de las Escrituras, quiero dar algunos consejos.

Lea para interpretar

El *primer* consejo es leer para interpretar. Un miembro de la orquesta no determina la velocidad ni el compás de la pieza musical que está delante de él. La velocidad y el compás están escritos en la música y son guiados por el conductor. El músico está llamado a interpretar fielmente al genio que escribió la pieza. Del mismo modo, el que lee la Escritura públicamente deberá dar expresión a la intención del autor y transmitir el mensaje que está delante de él.

Por ejemplo, Lucas 2:16 dice: «Vinieron, pues, apresuradamente [pausa larga], y hallaron a María y a José, y al niño acostado en el pesebre». Si la segunda mitad de esa frase se lee demasiado rápido sin pausa, suena como que María, José y Jesús estaban todos acostados en el pesebre. En un gran comedero para animales. Si el texto se lee mal, la interpretación es errónea. Vamos a intentarlo de nuevo: «Vinieron, pues, apresuradamente, y hallaron a María y a José [pausa larga], y al niño acostado en el pesebre». Ahora es evidente que solo Jesús estaba acostado en el pesebre. Al leer bien, el pastor ofrece la interpretación y enseña a su congregación buena hermenéutica, prestar atención al párrafo, prestar atención a la puntuación y prestar atención a la gramática.

Un pastor puede fallar al agrupar palabras o frases correctamente o incluso perder el tono del texto. Pero tiene que hacer culminante lo que el autor pretende lo sea y mostrar el sentimiento apropiado al significado del pasaje. De eso se trata la interpretación oral; lo que anteriormente solía ser un componente fundamental de cualquier plan de estudios de seminario que en forma intencionada enseñara a los predicadores a leer antes de enseñarles a predicar. Leer bien es una herramienta para descubrir los tesoros que yacen en el pasaje. Usted nota cosas como el género a medida que lee una narración con movimiento y emoción. Usted lee poesía consciente de su belleza y su simetría. Por ejemplo, en el Salmo 18, usted quiere transmitir el terror y el temor reverencial de la teofanía. Salmos 3 comienza con la desesperación, lleva a la confianza y termina con la seguridad. A medida que lea la Palabra de Dios, puede transmitir esas emociones; no tiene que contar con una tarjeta del Sindicato de Actores para encontrar la manera de cómo transmitir seguridad a la hora de leer, porque si tiene un corazón con fe, usted ya entiende el consuelo que da la seguridad. Esto no es montar un espectáculo, es leer con interpretación.

Al leer las epístolas, usted acentúa los verbos, sigue los argumentos y articula la lógica férrea del escritor. Usted tiene que entender el texto si va a leer bien, no lo puede fingir. Un pastor no puede simplemente levantarse y confiar en su talento, porque cuando llegue a Romanos capítulo 16, va a estar en problemas si no sabe cómo saludar a Trifena, Trifosa, Asíncrito y Flegonte. Cuando usted no toma el tiempo para pronunciar correctamente, en última instancia, le enseña a su gente que hay irreverencia y falta de preocupación con respecto a ciertos aspectos de la Escritura. Como predicador, hay que recordar que incluso las genealogías son incluidas en la Escritura por Dios, y son útiles para enseñar, para amonestar, para corregir, para instruir en justicia.

Lea preparado

Esto me lleva al *segundo* consejo: Esté preparado. No finja, invente ni improvise con la lectura. Uno tiene que estudiar para leer públicamente, al igual que él tiene que estudiar para presentar un sermón. El pastor tiene que dejar que el mensaje penetre para entenderlo y adueñarse de él. Esto no implica que haya que memorizarse el pasaje, sino más bien, familiarizarse profundamente con el texto. Considere las partes difíciles, obedezca la puntuación, y use herramientas que le ayuden a conocer el significado y la pronunciación de ciertas palabras.

Lea como un creyente

El *tercer* consejo es leer como un creyente. Stephen Olford escribió: «Léalo como que si usted lo cree».[8] La fe, la seguridad y la confianza deben estar en su voz para enfatizar que usted cree en la suficiencia de la Escritura. Después de todo, está leyendo la Palabra de Dios, y la Palabra es verdadera, segura y confiable. Lea la Biblia de tal manera que muestre la confianza en el autor (véase Salmos 19:7-9).

Lea con una conciencia apropiada

El *cuarto* consejo es leer con una apropiada conciencia de sí mismo. Eso significa que debe estar consciente de su cuerpo, su cabeza, su cara, sus brazos, sus manos e incluso sus pies. Los gestos deben ser naturales y pueden necesitar ser regulados cuando sean inútiles. Algunos predicadores parece que están siendo atacados por un enjambre de abejas. Si usted lucha con eso, entonces reclute a un ayudante, alguien que le diga la verdad. No diga: «Venid a mí todos los que estáis trabajados y cargados, y yo os haré descansar» (Mateo 11:28) mientras coloca sus brazos hacia adelante, con las palmas mirando hacia afuera en un movimiento de parada. Ese gesto de distanciamiento no transmite el tono acogedor de ese pasaje. Una vez más, el objetivo es ser natural, estar consciente, ser propicio y evitar la distracción. A medida que predique, asegúrese de llevar a cabo la tarea de una manera que no se trate de usted, sino de la Escritura.

Chapell lo dice de esta manera: «El lector de las Escrituras… es el componente más visible en la transmisión de la Palabra y, al mismo tiempo, el personaje menos importante en el drama espiritual entre Dios y la audiencia reunida».[9] Este es un buen recordatorio para desaparecer de la escena. No se trata de usted ni de su habilidad como lector. De lo que se trata es de quitarse del camino y permitir que su congregación escuche la Palabra de Dios sin perturbación.

Practique la lectura

El *quinto* y último consejo es practicar la lectura. Le animaría a escuchar una grabación de usted mismo, lo cual puede ser muy doloroso. Pero si nunca lo hace, entonces no averiguara sus deficiencias verbales. A medida que practique la lectura, lea en un tono normal y con su voz natural, de manera responsable, con respeto y de forma fiable. Lea con significado, simpatía, expresión real y énfasis. Lea con expectativa, humilde sumisión y fe confiada. Los buenos predicadores son abundantes en comparación con los buenos lectores. Llegar a ser un buen lector requerirá práctica. Allen Ross resume bien el asunto en su obra *Recuerde la esperanza de gloria*:

> La lectura de la Escritura y la exposición de la misma son los principales actos de adoración de la iglesia; son ofrendas dadas a Dios con reverencia y devoción. Leer la Santa Palabra de Dios en la asamblea sin la comprensión, interpretación o el entusiasmo socava los cimientos de toda adoración, lo cual es escuchar de Dios. Cuando la lectura de la Escritura se hace con claridad, convicción y energía, establece la Palabra de Dios delante de la gente de una manera que confirma su autoridad y exige una respuesta. La lectura de la Escritura debe ser una de las partes más poderosas del culto, cada palabra hablada de la Palabra es de Dios.[10]

La lectura pública de las Escrituras se descuida en muchas iglesias hoy, pero no sé si se descuide tanto como ocurre con la oración pastoral.

Oración pastoral: Apoyo bíblico

La oración pastoral corporativa está conectada directamente con la lectura pública de las Escrituras, ya que es otro aspecto de la adoración prescrita por Dios. El apoyo bíblico para esto es extenso. En 1 Reyes capítulo 8, Salomón oró en la terminación del templo. La naturaleza corporativa de la oración es evidente por el uso de los pronombres plurales nosotros y nuestro:

> Cuando acabó Salomón de hacer a Jehová toda esta oración y súplica, se levantó de estar de rodillas delante del altar de Jehová con sus manos extendidas al cielo; y puesto en pie, bendijo a toda la congregación de Israel, diciendo en voz alta: Bendito sea Jehová, que ha dado paz a su pueblo Israel, conforme a todo

lo que él había dicho; ninguna palabra de todas sus promesas que expresó por Moisés su siervo, ha faltado. Esté con nosotros Jehová nuestro Dios, como estuvo con nuestros padres, y no nos desampare ni nos deje. Incline nuestro corazón hacia él, para que andemos en todos sus caminos, y guardemos sus mandamientos y sus estatutos y sus decretos, los cuales mandó a nuestros padres. Y estas mis palabras con que he orado delante de Jehová, estén cerca de Jehová nuestro Dios de día y de noche, para que él proteja la causa de su siervo y de su pueblo Israel, cada cosa en su tiempo; a fin de que todos los pueblos de la tierra sepan que Jehová es Dios, y que no hay otro. Sea, pues, perfecto vuestro corazón para con Jehová nuestro Dios, andando en sus estatutos y guardando sus mandamientos, como en el día de hoy.

Esta bendición poderosa no se enfocó en Salomón, sino en Salomón e Israel juntos como receptores de la bendición de Dios. Este tipo de oración también es evidente cuando el profeta Esdras ora por el pueblo de Israel en 1 Crónicas 29 y en Esdras capítulos 9 al 10. Luego, en el Nuevo Testamento, leemos en Hechos 2:42 que el pueblo de Dios se dedica a orar unido. En la sociedad individualista de hoy, a menudo estamos atentos a nuestra responsabilidad individual de leer la Biblia, orar y pasar tiempos de devoción y soledad. Sin embargo, el énfasis mucho mayor en las Escrituras es en las disciplinas espirituales corporativas y en la oración colectiva. Y en Hechos 4:23-31, está claro qué tipo de reuniones de oración practicaba la iglesia primitiva. Los creyentes no oraban acerca de los problemas crónicos del hígado de la tía Bertha. Al contrario, leemos lo que sigue:

Y puestos en libertad, vinieron a los suyos y contaron todo lo que los principales sacerdotes y los ancianos les habían dicho. Y ellos, habiéndolo oído, alzaron unánimes la voz a Dios, y dijeron: Soberano Señor, tú eres el Dios que hiciste el cielo y la tierra, el mar y todo lo que en ellos hay; que por boca de David tu siervo dijiste: ¿Por qué se amotinan las gentes, y los pueblos piensan cosas vanas? Se reunieron los reyes de la tierra, y los príncipes se juntaron en uno contra el Señor, y contra su Cristo. Porque verdaderamente se unieron en esta ciudad contra tu santo Hijo Jesús, a quien ungiste, Herodes y Poncio Pilato, con los gentiles y el pueblo de Israel, para hacer cuanto tu mano y tu consejo había antes determinado que sucediera. Y ahora, Señor, mira sus amenazas, y concede a tus siervos que con todo denuedo hablen tu palabra, mientras extiendes tu mano para que se hagan sanidades y señales y prodigios mediante el nombre de tu santo Hijo Jesús. Cuando hubieron orado, el lugar en que estaban congregados tembló; y todos fueron llenos del Espíritu Santo, y hablaban con denuedo la palabra de Dios.

Enseñe con el ejemplo

La única manera en que la gente va a orar en esa forma es si se les enseña a orar así. Esto significa que tal oración necesita ser modelada por el pastor. Se debe mostrar a la gente que la oración no es solo cerrar los ojos y dejar que todo salga. Más que eso, la oración es cuidadosa, reflexiva, integrada, articulada y estratégica, especialmente en la adoración pública. Primera de Timoteo 2:1-4 es una gran afirmación de esto. Aquí, Pablo instruyó a Timoteo sobre cómo debe operar la iglesia:

Exhorto ante todo, a que se hagan rogativas, oraciones, peticiones y acciones de gracias, por todos los hombres; por los reyes y por todos los que están en eminencia, para que vivamos quieta y reposadamente en toda piedad y honestidad. Porque esto es bueno y agradable delante de Dios nuestro Salvador, el cual quiere que todos los hombres sean salvos y vengan al conocimiento de la verdad.

En esta receta, usted tiene un diagnóstico claro e incluso una fórmula para lo que la oración congregacional de un pastor debe incluir. Además, este tipo de oración nos impide ser autocentrados y automotivados.

Los cristianos solían ser conocidos por sus oraciones, que eran una parte importante del servicio. En la actualidad, la oración es simplemente efectuada al final del sermón. A los pastores ya no les gusta escribir conclusiones, por lo que tienden a poner fin a sus sermones con: «Vamos a orar. Dios, concédenos poner en práctica lo que acabo de predicar». En contraste, la historia de la iglesia está llena de oraciones largas y poderosas que tienen mucha variedad. Esto es un útil contrapeso a lo que la mayoría de las iglesias evangélicas estadounidenses modernas practican: la oración libre, porque creemos que es más espiritual disparar una oración precipitada que planificar de antemano lo que se va a decir a Dios en nombre de su congregación. En *Conferencias a mis estudiantes*, Spurgeon ofrece este consejo: «Permítanme, por lo tanto, advertirles muy seriamente, amados hermanos, en cuanto a estropear sus servicios con sus oraciones: tomen la solemne decisión de que todo lo que hagan en el santuario sea lo mejor».[11]

La oración colectiva... es un gran recordatorio
de que tenemos compromisos congregacionales y
responsabilidades de orar juntos y unos por los otros.

El pastor MacArthur es un maestro en esto; tuve la oportunidad de preguntarle por qué ora de la manera en que lo hace los domingos por la mañana. Su respuesta fue muy simple: «Tengo la intención de elevar al pueblo delante de Dios. Quiero orar por ellos, con ellos y en nombre de ellos».[12] Así es como nosotros cual pastores debemos pensar en cuanto al papel de la oración pastoral. La oración colectiva es el antídoto perfecto para el enfoque individualista que es muy común en la actualidad. Es un gran recordatorio de que tenemos compromisos congregacionales y responsabilidades de orar juntos y unos por los otros.

Nos guste o no, cada iglesia tiene su liturgia. Tal vez usted no utilice el *Libro de Oración Común*, pero incluso algo tan simple como darles la bienvenida a los visitantes, el canto y un sermón es liturgia. Y la pregunta es: ¿Está usted haciendo todo lo que Dios ha determinado que haga en este tiempo en que se reúnen para adorar como los cristianos lo han estado haciendo por miles de años? La liturgia de hoy con demasiada frecuencia se ve como lo que sigue: bienvenida, cuatro canciones, oración dirigida por el líder de alabanza, predicación, oración final, canción de despedida y todo el mundo para su casa. Ese esquema es absoluta e históricamente empobrecido, sobre todo en lo que se refiere a la oración.

Tipos de oraciones

Hay muchos tipos de oraciones y una gran cantidad de recursos para ayudarle a desarrollar la variedad en sus oraciones corporativas. Hay oraciones de invocación, que son para ayudar a las personas a clamar a Dios y a invocarlo (Salmos 8; 100; 113). Es un tipo de oración profundamente bíblico para iniciar un servicio congregacional. Un segundo tipo de oración es la adoración y la alabanza. Esta oración reconoce la grandeza y la gracia de Dios. Tercero, hay oraciones de confesión, las que encontrará a través de toda la Biblia. Estas oraciones simplemente reconocen nuestro pecado y nuestra necesidad de gracia. Por lo general, se realizan de forma individual, pero también deben hacerse colectivamente, como en el Salmo 40:11-13 o 1 Juan 1:9: «Si confesamos nuestros pecados...» Es lógico que un pastor ore: «Señor nosotros, tu pueblo, hemos pecado». Usted no los está absolviendo en un tipo de ritual católico romano, pero les está recordando lo que Dios dice acerca de su gracia, que hay perdón pleno y gratuito en Cristo.

El cuarto tipo es la oración de iluminación. El apóstol Pablo ora de esta manera en Efesios 1:17-19. Quinto, usted también necesita tener oraciones de acción de gracias por todos los favores recibidos de Dios. Sexto, junto con las oraciones de agradecimiento, los pastores necesitan hacer oraciones intercesoras. Los reformadores entendían que tales oraciones incluían peticiones por las autoridades, por el bienestar de la iglesia (especialmente por las personas necesitadas dentro de ella), y por el progreso del evangelio. Siempre que Pablo oraba por el progreso del evangelio, estaba ofreciendo una oración de intercesión.

La oración pastoral: Cómo hacerlo bien

El primer consejo para una mejor oración pastoral es prepararse. Pedirle a Dios iluminación es un punto maravilloso por el cual empezar: «Abre mis ojos, y miraré las maravillas de tu ley» (Salmos 119:18). Es importante pensar bien lo que va a orar, considerar cuáles son las necesidades de la congregación y estar consciente de cuál es su meta en esa oración. Esta oración no necesariamente tiene que ser escrita, pero tampoco es una oración espontánea, porque ya ha meditado en ella. Me ha sido de gran ayuda escribir una breve lista de los puntos por los que debo orar antes de dirigir a la iglesia en oración, porque quiero darle una estructura reflexiva a mi oración.

Es esencial que aprendamos a diferenciar entre estos tipos de oraciones y nuestras oraciones particulares. Es bueno orar acerca de las circunstancias, el empleo, la enfermedad y los acontecimientos. Esas cosas están, naturalmente, en la mente de todos. Pero tenemos que enseñar a nuestra gente a orar más extensamente, enseñarles a orar por sabiduría, santidad, pureza y por el avance del evangelio. Si usted no enseña a su gente a orar así, tendrá muchos jóvenes, líderes de alabanza y pastores que caerán en el formato normal de oración, que tiende a ser compuesto por frases memorizadas que repiten los mismos estribillos que todos conocemos. Una forma práctica en la que usted puede prepararse para una oración pastoral es orar con la Escritura.

Un *segundo* consejo es no explicarle las cosas a un Dios omnisciente. Este es un problema muy común en la oración corporativa. Por ejemplo: «Señor, así como Juan Calvino dijo una vez que un perro ladra cuando se ataca a su amo, yo sería un cobarde si viera que la verdad de Dios es atacada y aun así permaneciera en silencio». ¿Está diciéndole a Dios lo que dijo Juan Calvino? ¿Necesitará poner notas a pie de página en sus oraciones?

Otro ejemplo de esto es lo que un buen amigo mío, pastor, oró un domingo por la mañana: «Señor, tu *ruach*, que significa "espíritu..."» Después le pregunté: «¿Así que le traduces el hebreo al Señor?» Su oración corporativa está dirigida a edificar a su gente e incluso a enseñarle a orar. Pero recuerde que todavía está hablando con Dios, así que deje de decirle lo que Él ya sabe.

Un *tercer* consejo es no predicar o incluir anuncios en su oración. Por ejemplo, la inserción de exhortaciones mientras ora puede perturbar: «Y Señor, ayuda a estas personas de corazón duro». Está hablando con Dios, no predicando a su gente. Spurgeon dijo: «Predica en el sermón y ora en la oración».[13] Tampoco es este el momento de hacer anuncios: «Señor, te rogamos que los padres de la secundaria reciban los depósitos para el 11 de noviembre para el viaje a esquiar... En la reunión del ministerio de hombres, los hombres cuyos apellidos comienzan con

A hasta los que empiezan con J deben traer galletas». En vez de eso, utilice el tiempo de la oración para considerar a Dios, su reino y su pueblo. Hágase el hábito de orar así en la adoración pública. Puede ser que sea la mejor parte. Spurgeon dijo: «Deje que sus peticiones sean simples y sinceras; y si bien es posible que a veces pueda sentir que el sermón estuvo por debajo de sus expectativas, que también puedan sentir que la oración lo compensó todo».[14]

Dos componentes vitales

La lectura pública de las Escrituras y la oración pastoral corporativa o colectiva pueden ayudar a transformar un servicio de adoración. Estas dos prácticas que se extasían en Dios y se centran en Él no son solo cuestión de deshacerse de los tics verbales e innecesarios. En última instancia, queremos elaborar nuestros servicios de adoración de modo que honren y glorifiquen a Dios con excelencia. Nos reunimos para adorar a Dios, por lo que Él nos ha enseñado cómo hacerlo.

ORACIÓN

Dios, es nuestro deseo estar capacitados, ser reflexivos, participar y, en última instancia, escuchar de ti. Padre, que crezcamos en reverencia a tu Palabra. Enséñanos a dirigir con determinación a nuestra gente y a ayudarla realmente a tener un encuentro contigo en la adoración. Gracias porque tenemos acceso a ti a través de la oración, y que este acceso nos recuerde lo que Jesús hizo en el Calvario. Danos el valor para ser hombres que conduzcan a tu pueblo con convicción, con humildad, como ya nos has indicado. Que podamos agradarte con nuestras vidas, nuestros ministerios y en la iglesia. Amén.

Promueva la comunión

«Pero todos los miembros del cuerpo, siendo muchos,
son un solo cuerpo, así también Cristo».

<small>1 Corintios 12:12</small>

12

PROMUEVA LA COMUNIÓN

John MacArthur
1 Corintios 12:12-27

La mayoría de los pastores están familiarizados con el tema de la comunión de la iglesia. Sin embargo, quiero aprovechar la oportunidad para aumentar su entendimiento acerca de ella y su responsabilidad con la misma, y además hacer hincapié en la urgencia que hay de implementar todos los elementos de la comunión en la vida de la iglesia. Pensando en esto, vamos a examinar 1 Corintios 12:12-27.

Porque así como el cuerpo es uno, y tiene muchos miembros, pero todos los miembros del cuerpo, siendo muchos, son un solo cuerpo, así también Cristo. Porque por un solo Espíritu fuimos todos bautizados en un cuerpo, sean judíos o griegos, sean esclavos o libres; y a todos se nos dio a beber de un mismo Espíritu.

Además, el cuerpo no es un solo miembro, sino muchos. Si dijere el pie: Porque no soy mano, no soy del cuerpo, ¿por eso no será del cuerpo? Y si dijere la oreja: Porque no soy ojo, no soy del cuerpo, ¿por eso no será del cuerpo? Si todo el cuerpo fuese ojo, ¿dónde estaría el oído? Si todo fuese oído, ¿dónde estaría el olfato? Mas ahora Dios ha colocado los miembros cada uno de ellos en el cuerpo, como él quiso. Porque si todos fueran un solo miembro, ¿dónde estaría el cuerpo? Pero ahora son muchos los miembros, pero el cuerpo es uno solo. Ni el ojo puede decir a la mano: No te necesito, ni tampoco la cabeza a los pies: No tengo necesidad de vosotros. Antes bien los miembros del cuerpo que parecen más débiles, son los más necesarios; y a aquellos del cuerpo que nos parecen menos dignos, a éstos vestimos más dignamente; y los que en nosotros son menos decorosos, se tratan con más decoro. Porque los que en nosotros son más decorosos, no tienen necesidad; pero Dios ordenó el cuerpo, dando más abundante honor al que le faltaba, para que no haya desavenencia en el cuerpo, sino que los miembros todos se preocupen los unos por los otros. De manera que si un miembro padece, todos los miembros se duelen con él, y si un miembro recibe honra, todos los miembros con él se gozan.

Vosotros, pues, sois el cuerpo de Cristo, y miembros cada uno en particular.

La esencia de la vida de la iglesia se expresa gráficamente en la metáfora ya mencionada. La vida de la iglesia es comunitaria y es una relación personal compartida intensamente con un empuje espiritual. Esto es lo que el apóstol Pablo expresó en su extendida metáfora del cuerpo, verdad que encontramos repetida a través del Nuevo Testamento, particularmente en las epístolas de Pablo. Por ejemplo, en Gálatas 3, el apóstol enfatiza que todos somos uno en Cristo. En Efesios 4:15-16, escribió que el Señor está encajando cada parte del cuerpo como uno solo. En Filipenses 2, Pablo nos recuerda que cuidemos de los otros más que de nosotros mismos, que nos humillemos y que asumamos la actitud de Cristo, la cual es abnegada. Así es como debe ser la vida en la iglesia, y estos pasajes establecen de nuevo en nuestras mentes la urgencia de este asunto de la comunión en la grey.

La bendición de la comunión

Dietrich Bonhoeffer influyó mucho en mi vida, sobre todo cuando comenzaba mi ministerio pastoral. Su libro *Vida en comunidad* tuvo un profundo impacto en mí. En ese tiempo yo estaba estudiando la responsabilidad del pastor en cuanto a desarrollar la comunión en la iglesia y no podía hallar mucho material sobre ese tema. Aun cuando el libro de Bonhoeffer no es particularmente teológico —es más tipo devocional— lo hallé revelador y extremadamente útil, en particular a la luz de la manera en que terminó su vida. Un gris amanecer de abril en 1945, en un campo de concentración nazi en Flossenburg, Dietrich Bonhoeffer fue ejecutado por orden de Heinrich Himmler, que era el verdugo de Hitler. Bonhoeffer había sido arrestado unos dos años antes y transferido de un campo a otro: Tegel, Berlín, Buchenwald, Schoenberg y Flossenburg. En sus traslados, Bonhoeffer perdió todo contacto con el mundo exterior. Se aisló de la gente que conocía y amaba. De hecho, se le separó de toda relación. Pero él había escrito *Vida en comunidad* unos años antes de esa experiencia en los campos de concentración. En ese libro, escribió lo siguiente: «La presencia física de otros cristianos es una fuente incomparable de gozo y fortaleza para el creyente. Una señal física de la presencia misericordiosa del Dios trino, ¿cuán inagotables son las riquezas que se abren para aquellos que, por la voluntad de Dios, son privilegiados al vivir en la diaria comunión de la vida con otros cristianos?»[1] Y continuó: «Que el que tiene tal privilegio agradezca a Dios de rodillas y declare que es la gracia, nada más que la gracia, la que nos permite vivir en comunión, en comunidad con los hermanos cristianos».[2] Este hombre entendía la bendición de disfrutar la comunión con los creyentes.

La oración de Jesús por la comunión

Múltiples metáforas del Nuevo Testamento enfatizan la comunión cristiana. Como iglesia de Cristo, estamos unidos a un solo esposo. Somos un conjunto de pámpanos conectados a una vid. Somos un rebaño con un pastor, un reino con un monarca, una familia con un padre y un edificio con una fundación. Una metáfora aun más íntima aparece en 1 Corintios 12: somos un cuerpo con una cabeza. La metáfora del cuerpo aparece solo en el Nuevo Testamento y, por consiguiente, es una manera peculiar de entender a la iglesia.

La comunión trinitaria es el modelo para la comunión en la iglesia: una vida compartida, un amor compartido, un propósito compartido, una verdad compartida y un poder compartido. Eso es comunión.

La comunión de la iglesia es profunda, espiritual y real. Es una vida en común compartida que es absolutamente esencial. Es por lo que nuestro Señor oró en su famosa oración en Juan 17, donde repetidamente decía: «Ruego... para que sean uno». Jesús no estaba orando por un tipo de unidad social, sino por una realidad espiritual. Esa oración fue contestada cuando nació la iglesia.

Jesús oró para que el Padre hiciera que sus hijos fueran uno, así como Él y el Padre son uno. ¡Qué asombroso paralelo! Nosotros somos uno de la manera que el Hijo, el Padre y el Espíritu Santo son uno. La comunión trinitaria es el modelo para la comunión en la iglesia: una vida compartida, un amor compartido, un propósito compartido, una verdad compartida y un poder compartido. Eso es comunión.

En el Nuevo Testamento, el verbo griego *koinoneo* aparece ocho veces, y en siete de esas instancias es traducido como «compartir», mientras que en otra instancia es traducido como «participa». El sustantivo *koinonia* o *koinonos* aparece unas treinta veces y tiene diferentes traducciones: «compartir», «contribución», «colaboración» y algunas veces «comunión». El concepto de comunión se refiere entonces a vincularse como socios y compartir una vida y una causa común. Esto es la esencia de la vida de la iglesia, es la iglesia.

Rumbo a la dirección equivocada

Ha sido inquietante presenciar en años recientes que esta no ha sido la dirección que la iglesia ha buscado. La iglesia no parece estar buscando una expresión más profunda e intensa de la comunión espiritual. Años atrás, en la década de los ochenta, un humanista judío llamado Neil Postman escribió un pequeño libro titulado *Divertirse hasta morir*. Un humanista judío criticando a los cristianos evangélicos y diciendo que ellos han perdido su habilidad para pensar gravemente porque están sucumbiendo demasiado al entretenimiento. En su obra, plantea el poder que tiene la televisión para paralizar la mente, la cual no involucra a las personas en un nivel intelectual y significativo, sino que más bien hace que se sientan como zombis y fijen su vista, embelesados, en una pantalla.

No creo que Neil Postman haya imaginado jamás que las pantallas consumirían tantas vidas estadounidenses. El resultado ha sido una hiperprivacidad devastadora. Ahora las pantallas son tan privadas que uno puede traer el mundo que desee a través de los teléfonos inteligentes. Las personas han llegado a ser como un dios, un creador de su propio universo privado, un mundo secreto de preferencias, descargando lo que quiera, eliminando lo que no le guste; lo cual ha venido a ser una esfera de preferencias y tentaciones. El teléfono inteligente es el aparato más egoísta que se ha creado; y la tecnología ha puesto en nuestras manos el mundo egocentrista e indulgente más firme, más accesible, más visual y tentador que el ser humano haya conocido jamás. Usted escoge su música, sus maestros, su entretenimiento, sus amigos y, como Dios, llega a ser el creador de su mundo. El bosque de tentaciones con las que usted puede darse gusto es devastador para la comunión.

Carl Trueman escribió lo siguiente sobre este tema: «Amigos del Facebook, el lenguaje de la amistad es secuestrado y degradado por las redes sociales de la Internet».[3] Esto es parte de lo que algunos llaman la infantilización de la iglesia. Trueman continuó: «El lenguaje de Facebook refleja y promueve el infantilismo, el cual es una enfermedad transmitida textualmente».[4] Las investigaciones muestran que el estudiante de secundaria promedio está en la Internet nueve horas al día. Medite en ser pastor y tratar de crear una comunión con la próxima generación. Trueman escribió acerca de la epidemia de las redes sociales y dijo: «Las tales son amebas humanas que subsisten en un extraño "no-mundo" que no implica ningún riesgo para ellas, sin dar de sí mismas a otros, sin una verdadera vulnerabilidad, sin compromiso, sin sacrificio, sin valor ni significado real. Ellas son los avatares autocreados».[5]

La verdadera comunión no existe en ese mundo digital. El cristianismo no es una experiencia privada; al contrario, la privacidad devasta a la iglesia. Nos dirigimos velozmente hacia el modelo de la gente que crea su propio mundo virtual y su yo virtual. *Tweeteo*, luego existo. Esto es lo que yo soy: el perfecto, el indomable, el autoactualizado, como una especie de proyección científica creada tecnológicamente.

Por desdicha, la cultura se está haciendo cada vez más aislada, consumista y absorbida en sí misma. Como consecuencia, desarrollar la comunión es muy difícil. Tristemente, por décadas la iglesia evangélica ha estado tratando de darle a la cultura lo que ella quiere: privacidad, conveniencia y exoneración de responsabilidad por sus actos. La cultura quiere que la comunión muera, por lo que la vida de la iglesia está cayendo víctima de ese diseño seductor.

Incluso la asistencia en muchas megaiglesias está declinando puesto que la tendencia es que la gente pertenezca a la primera iglesia de iTunes. Una de las congregaciones más grandes en Estados Unidos es una iglesia online. Leí la publicidad de una iglesia que proclamaba: «Únete a un grupo electrónico». Esta es la tendencia, porque en una iglesia real usted tendría que estar frente a alguien con quien no está de acuerdo. En una iglesia real usted quizás tenga que sentarse al lado de alguien que no le cae muy bien. En una iglesia real tal vez tenga que escuchar un mensaje de un predicador que no dice lo que usted quiere escuchar. Lo peor de todo, quizás tenga que usar un viejo himnario para cantar en forma pausada dirigido por una persona de edad. ¿Puede imaginarse ese horror? Eso sería demasiado para aquellos que prefieren un mundo individualista creado por ellos mismos. Para muchos, toda información, toda experiencia y todas las relaciones se basan en los derechos definidos por ellos mismos. Eso elimina la verdad, la exactitud, la credibilidad, la racionalidad, el sacrificio, la gratificación entretenida y las relaciones significativas.

Esto lo ilustra Kevin Miller en un artículo de la revista *Christianity Today*. Lo escribió acerca de Donald Miller, Rob Bell y Brian McLaren, que abandonaron la iglesia. Diez años atrás, irónicamente, ellos eran considerados los evangélicos más influyentes en el mundo. Estos líderes eran parte del movimiento de la iglesia emergente que implosionó debido a una religión de derechos personalizados. Estaban predispuestos contra la exactitud, la autoridad y la claridad de la Palabra de Dios. Ellos formaron una religión personalizada que colapsó cuando la gente comenzó a darse cuenta de que no había razón para congregarse. Donald Miller dice en su blog: «Yo no me conecto con Dios cuando le canto». Y plantea la pregunta: «Así que, ¿asisto a la iglesia? Pues, para ser franco, no mucho».[6] En otra instancia, él se refiere a hacer la Santa Cena en cualquier parte del camino, con galletas rociadas con cacao y como bebida chocolate. La idea es crear sus propios sacramentos y su propia fe hiperpersonalizada.

La triste realidad es que en los últimos veinte años, la iglesia ha sucumbido a una eclesiología débil. Aun en medio de un avivamiento de la teología reformada, estamos rindiendo una generación completa a los hábitos individualistas opuestos a la comunión. Incluso como pastor, usted siente la presión cuando alguien pregunta: «¿Qué está haciendo en su iglesia con la tecnología? ¿Qué está haciendo con los medios sociales?» Como la mayoría de las cosas, la tecnología tiene su valor y puede ser un instrumento para bien, pero también es un canal para un mal catastrófico. Como líderes, no podemos permitir que el ciberespacio reemplace la verdadera comunión. Todo lo que tiene que ver con la iglesia pelea contra la privacidad, el aislamiento y el narcisismo.

Lo que necesitamos saber acerca de la comunión
La base de la comunión

A fin de ayudar a corregir el trayecto erróneo de la iglesia, debemos entender la base de la comunión. Primera de Juan 1:1 es, probablemente, el versículo más concluyente en cuanto a la base de la comunión: «Lo que era desde el principio, lo que hemos oído, lo que hemos visto con nuestros ojos, lo que hemos contemplado, y palparon nuestras manos tocante al Verbo de vida...» El apóstol amado estaba escribiendo acerca de su experiencia con el Dios encarnado en Cristo. Y sigue diciendo: «(porque la vida fue manifestada, y la hemos visto, y testificamos, y os anunciamos la vida eterna, la cual estaba con el Padre, y se nos manifestó); lo que hemos visto y oído, eso os anunciamos, para que también vosotros tengáis comunión con nosotros; y nuestra comunión verdaderamente es con el Padre, y con su Hijo Jesucristo» (vv. 2-3).

El objetivo del evangelio no solo es la salvación individual
de la gente que luego es privilegiada para hacer lo
que quiera; es, más bien, crear una comunión.

La base de la comunión es la palabra de salvación. La proclamación del evangelio era para que «también vosotros tengáis comunión con nosotros; y nuestra comunión verdaderamente es con el Padre, y con su Hijo Jesucristo». Juan estaba haciendo hincapié en que la proclamación del evangelio tenía como objetivo: crear una comunión, una vida compartida, un propósito compartido, un poder compartido y un ministerio compartido. El objetivo del evangelio no solo es la salvación individual de la gente que luego es privilegiada para hacer lo que quiera; es, más bien, crear una comunión. Esto es por lo que Jesús oró, y aquí Juan escribió acerca de la respuesta a la oración de Jesús.

Cuando Jesús oraba que sus seguidores fueran uno, no estaba hablando acerca de un tipo de unidad social; estaba orando por una unidad real que se cumple en la obra del Espíritu Santo, que viene y crea el cuerpo de Cristo por medio de su propia morada. En 1 Corintios 6:17 Pablo indica: «Pero el que se une al Señor, un espíritu es con él». Por lo tanto, el que es uno con el Señor es uno con todos aquellos que son del Señor. Es común oír a la gente decir: «Este o aquel miembro están fuera de la comunión». Sin embargo, eso no es exacto porque si usted está fuera de la comunión, es porque no es creyente. Porque si usted es creyente, entonces está en comunión, puesto que la base de esa comunión es la salvación. Como resultado, eso pone a todos los creyentes en unión unos con otros. Cada persona salva está entonces bajo mandato y con derecho a una plena participación de esa comunión. Nuestra responsabilidad se extiende a los demás, porque Dios ha unido nuestras vidas para propósitos espirituales.

Después que Juan aclara que la base de la comunión es la salvación, establece un contraste en 1 Juan 1:5-7:

> Este es el mensaje que hemos oído de él, y os anunciamos: Dios es luz, y no hay ningunas tinieblas en él. Si decimos que tenemos comunión con él, y andamos en tinieblas, mentimos, y no practicamos la verdad; pero si andamos en luz, como él está en luz, tenemos comunión unos con otros, y la sangre de Jesucristo su Hijo nos limpia de todo pecado.

El individuo está en la luz o en las tinieblas, es salvo o está perdido, en comunión o fuera de ella. Los creyentes siempre están en comunión porque están en la luz.

Uno debe tener cuidado al decir que otra persona está fuera de comunión. Algunos pueden experimentar un tiempo errantes como lo hizo David, cuando dijo: «Vuélveme el gozo de tu salvación» (Salmos 51:12). O como Donald Grey Barnhouse acostumbraba afirmar: «Hay una gran diferencia entre caer sobre la cubierta de un barco y caer por la borda».[7] Si está en la cubierta de la comunión, aunque pueda tropezar y caer en pecado —y en efecto, peca (1:8-10)—, eso no es fatal porque, como dice 1 Juan 2:1-2: «Si alguno hubiere pecado, abogado tenemos para con el Padre, a Jesucristo el justo. Y él es la propiciación por nuestros pecados; y no solamente por los nuestros, sino también por los de todo el mundo». Podemos caer en la cubierta, pero no es algo terminal, porque la comunión de los creyentes es para siempre.

Bonhoeffer escribió lo siguiente:

Soy hermano de otra persona a través de lo que Jesucristo hizo por mí y para mí. Esa otra persona se ha convertido en un hermano para mí a través de lo que Jesucristo hizo por él. El hecho de que somos hermanos solo a través de Jesucristo tiene un significado inmensurable. No es lo que el hombre sea, ni lo que escriba de sí mismo, como cristiano, ni su espiritualidad ni su piedad; eso no es la base de nuestra comunión. Lo que determina nuestra comunión es lo que el hombre es por razón de Cristo. Nuestra comunión mutua consiste únicamente en lo que Cristo ha hecho en nosotros dos. Esa comunión se mantendrá en el tiempo y por la eternidad.[8]

Además, escribió: «La comunión cristiana no es un ideal que hay que alcanzar. Es una realidad creada por Dios en Cristo». Una vez más, la salvación es la base de la comunión.

La naturaleza de la comunión

Después de establecer que la salvación es la base de la comunión, es necesario examinar la naturaleza de esta. En Hechos 2, Pedro predicó un poderoso sermón, y tres mil almas fueron añadidas a la iglesia al recibir la Palabra y ser bautizados (v. 41). Esos creyentes se dedicaron continuamente a las doctrinas de los apóstoles, la comunión, el partimiento del pan y la oración (2:42). Incluso más que eso,

Todos los que habían creído estaban juntos, y tenían en común todas las cosas; y vendían sus propiedades y sus bienes, y lo

repartían a todos según la necesidad de cada uno. Y perseve-
rando unánimes cada día en el templo, y partiendo el pan en las
casas, comían juntos con alegría y sencillez de corazón, alaban-
do a Dios, y teniendo favor con todo el pueblo. Y el Señor añadía cada día a la iglesia los que habían de ser salvos (vv. 44-47).

La realidad concreta de la comunión es la unión y el compartir,
compartir en una manera espiritual, así como en una forma temporal.
Se nos dice que la iglesia primitiva continuamente se dedicaba a todas
esas cosas de modo colectivo. Expresaban su asociación y su unión espiritual, incluso en el aspecto temporal. La historia revela que muchas
personas se convirtieron en esa gran actividad y, después de eso, per-
manecieron en Jerusalén porque era la única iglesia en el mundo. Ellos
habían regresado de la diáspora para los festejos de la Pascua y de Pen-
tecostés. Y puesto que esa era la única iglesia en el momento, se quedaron, allí fueron atendidos y sus necesidades fueron satisfechas.

Esa es la razón por la que comenzaron a vender sus propiedades
y sus posesiones, «y lo repartían a todos según la necesidad de cada
uno» (v. 45). El tiempo verbal de la palabra griega traducida como «vender» es imperfecto, lo que significa que continuamente compartían sus
recursos. Eran tan generosos que vendieron y liquidaron sus propiedades para proveer los unos a los otros. El impacto de eso es evidente
en el versículo 47: Ellos estaban «teniendo favor con todo el pueblo. Y
el Señor añadía cada día a la iglesia los que habían de ser salvos». Una
iglesia con una comunión genuina, sacrificial y amorosa es un poderoso testimonio para el mundo. En Juan 13:35, Jesús declaró: «En esto
conocerán todos que sois mis discípulos, si tuviereis amor los unos con
los otros». Esto no es una referencia a la emoción del amor, sino a la
expresión del mismo. Eso es comunión.

Aristides, un pagano que observaba a los cristianos, escribió una
famosa declaración: «Se abstienen de toda impureza con la esperanza
del juicio que está por venir en otro mundo. Cuando hay entre ellos un
hombre pobre y necesitado, y no quieren descuidar sus necesidades,
ayunan dos o tres días para poder suministrarles a los necesitados la
comida necesaria, tal es la ley de los cristianos y tal es su conducta».[9] La
iglesia ha de ser un poderoso testimonio para el mundo. Sin embargo,

en el contexto actual eso se está perdiendo, sobre todo con el evangelio de la prosperidad, que alimenta el egoísmo y el infantilismo de la autollamada «iglesia». El testimonio de la iglesia debe permanecer intacto, pero la privacidad y la soledad son obstáculos para eso.

El símbolo de la comunión

A continuación, quiero analizar el símbolo de la comunión, del cual leemos en 1 Corintios 10:16-17: «La copa de bendición que bendecimos, ¿no es la comunión de la sangre de Cristo? El pan que partimos, ¿no es la comunión del cuerpo de Cristo? Siendo uno solo el pan, nosotros, con ser muchos, somos un cuerpo; pues todos participamos de aquel mismo pan». El símbolo de la comunión es la Cena del Señor. Aquí es donde todos terminamos de rodillas al pie de la cruz. Este es el nivelador en el que no hay ni judío ni griego, hombre ni mujer, esclavo ni libre. Es un magnífico símbolo de nuestra vida compartida basada en la obra expiatoria de Cristo.

Como pastor de la congregación Grace Community Church, una de las cosas que he tratado de hacer a través de los años es destacar que la comunión se enfoca en la cruz, pero también en la actualidad del cuerpo de Cristo como un grupo de pecadores que se humillan de rodillas ante el sacrificio del Hijo de Dios. El cuerpo de la iglesia tiene una asociación común en la salvación. Sin embargo, esta verdad está siendo afectada. Una vez visité una iglesia grande y muy conocida en otra ciudad, en la que tuve una experiencia dolorosa. Al final de su pésimo manejo de la Escritura, el pastor afirmó: «Este es el domingo de la Santa Cena. Hay algo de pan y jugo en la puerta de salida. Solo agarre un poco cuando vaya saliendo». Aguanté hasta ese momento, pero ya no podía soportarlo, porque tratar la Cena del Señor de esa manera es abominable.

Aunque no existe una receta en la Escritura en cuanto a la frecuencia con que se debe participar en la Cena del Señor, cada vez que lo hagamos debemos fijar nuestra mirada en la cruz, en un autoexamen profundo y sincero; y además, hay que destacar el aspecto de la comunión como ordenanza. La iglesia es un solo cuerpo de personas que son igualmente indignas, igualmente favorecidas con la vida eterna. Todos somos igualmente redimidos por Cristo y todos disfrutaremos la vida eterna que proviene de Él; todos somos sostenidos en Él. La Cena del Señor nos hace sentir humillados, nos nivela y nos llama a un autoexamen serio. Sin embargo, también celebra vívidamente nuestra unión con los demás. Así que, sea muy considerado con la Cena del Señor y trátela con seriedad, no casualmente.

El peligro que acosa a la comunión

Cuarto, debemos estar conscientes del peligro que acosa a la comunión: el pecado. El pecado no solo trae disciplina sobre el creyente, sino que destruye la comunión, rompe la unidad, restringe el ministerio, reprime el poder y confunde el propósito. Por eso, en 1 Corintios 11:27 leemos: «De manera que cualquiera que comiere este pan o bebiere esta copa del Señor indignamente, será culpado del cuerpo y de la sangre del Señor». Los hábitos pecaminosos y la falta de un autoexamen adecuado son tan graves que el Señor puede hacer que la gente enferme y hasta que algunos de ellos puedan llegar a morir. En el versículo 31 Pablo reforzó esto: «Si, pues, nos examinásemos a nosotros mismos, no seríamos juzgados». La razón de ello se encuentra en 1 Corintios 5:6: «¿No sabéis que un poco de levadura leuda toda la masa?» Como pastores, estamos llamados a no dejar participar en este acto simbólico a las personas que no estén dispuestas a confesar todos sus pecados. Los que no toman esto en serio no entienden el significado de la unidad de la iglesia.

Mateo 18 tiene la primera instrucción en el Nuevo Testamento que menciona a la iglesia, orden que vemos a continuación:

> Por tanto, si tu hermano peca contra ti, ve y repréndele estando tú y él solos; si te oyere, has ganado a tu hermano. Mas si no te oyere, toma aún contigo a uno o dos, para que en boca de dos o tres testigos conste toda palabra. Si no los oyere a ellos, dilo a la iglesia; y si no oyere a la iglesia, tenle por gentil y publicano (vv. 15-17).

Estoy convencido de que el futuro de la iglesia no depende de la relevancia cultural ni del mercadeo, ni de la tecnología. Más bien, su futuro depende de la santidad de ella. En aras de la comunión, se debe tratar con el pecado en la congregación.

Considere lo que Pablo escribió en 2 Corintios 12:15 cuando estaba abatido por la forma en que la iglesia de Corinto lo había tratado: «Yo con el mayor placer gastaré lo mío, y aun yo mismo me gastaré del todo por amor de vuestras almas». Pablo habría dado su vida por el bienestar espiritual de los corintios. Luego dijo:

¿Pensáis aún que nos disculpamos con vosotros? Delante de Dios en Cristo hablamos; y todo, muy amados, para vuestra edificación. Pues me temo que cuando llegue, no os halle tales como quiero, y yo sea hallado de vosotros cual no queréis; que haya entre vosotros contiendas, envidias, iras, divisiones, maledicencias, murmuraciones, soberbias, desórdenes; que cuando vuelva, me humille Dios entre vosotros, y quizá tenga que llorar por muchos de los que antes han pecado, y no se han arrepentido de la inmundicia y fornicación y lascivia que han cometido (vv. 19-21).

Pablo consideraba la pureza de la iglesia como su responsabilidad. Lo mismo debería ocurrir con usted como pastor. Este es el duro trabajo del ministerio. El futuro de su ministerio corresponde directamente a su pasión por la verdad y la santidad de su iglesia. El ingenio de los medios puede conseguir multitudes, pero no produce santidad. Sin embargo, la santidad trae a Jesucristo a la iglesia, porque donde están dos o tres congregados en una situación disciplinada, Cristo se aparece, y está en medio de ustedes. El pecado pone en peligro la comunión pura, de modo que evite la privacidad del pecado.

El deber de la comunión

Hasta ahora hemos visto que la base de la comunión es la salvación. La naturaleza de la comunión es una vida compartida, tanto en lo espiritual como en lo temporal. El símbolo de la comunión es la Cena del Señor. Y el peligro de la comunión es el pecado. En quinto lugar, hay que entender el deber de la comunión.

En Mateo 18, vemos el aspecto preventivo de la obligatoriedad de la comunión: «Y cualquiera que haga tropezar a alguno de estos pequeños que creen en mí [esto es, pecado] mejor le fuera que se le colgase al cuello una piedra de molino de asno, y que se le hundiese en lo profundo del mar» (v. 6). Sería mejor que usted se ahogara con una piedra de molino alrededor de su cuello que hacer que un compañero cristiano tropiece. En el versículo 7 Jesús continuó: «¡Ay del mundo por los tropiezos!» En el versículo 10 dijo: «Mirad que no menospreciéis a uno de estos pequeños». El principio se prescribe desde un punto de vista prohibitivo: no conduzca a otro creyente al pecado.

Alguien puede causar que otros creyentes tropiecen haciendo alarde de libertad, despreciándolos, menospreciándolos, reteniendo lo que necesitan de ellos, ridiculizándolos, tratándolos con indiferencia, estafándolos, aprovechándose de ellos o incluso al no confrontar su pecado. Por tanto note la declaración afirmativa que contrasta con el versículo 5: «Cualquiera que reciba en mi nombre a un niño como este, a mí me recibe». Cuando usted acoge a otro creyente, no importa quién sea ese creyente, usted está recibiendo a Cristo. En lo positivo, usted desea recibir a otros creyentes; por otro lado, no los quiere ofender. Ese es el patrón que se requiere de usted, puesto que ese es el deber de la comunión.

Hay algunas razones en Mateo 18 en cuanto a por qué no debemos ofender a los demás cristianos. En primer lugar, debido a la relación que los creyentes tienen con los ángeles: «Mirad que no menospreciéis a uno de estos pequeños; porque os digo que sus ángeles en los cielos ven siempre el rostro de mi Padre que está en los cielos» (v. 10). Esa es una declaración sorprendente que recuerda la costumbre en los tribunales de Oriente, en el que los hombres de gran prestigio elegían criados que se situaran ante el rey a favor de ellos y miraran a la cara del rey. Sabemos, según Hebreos 1:14, que los ángeles ministran a los santos: miran, guían, proveen, protegen, despachan respuestas a la oración, y hacen mucho más por todos los que pertenecen a Dios. Por lo tanto, debemos tener cuidado en lo relativo a cómo tratamos a los demás creyentes puesto que los ángeles están viendo.

En segundo lugar, debemos tratar a los demás cristianos con cuidado por causa de Cristo. Jesús dijo: «El que reciba a un niño como éste en mi nombre, a mí me recibe» (Mateo 18:5).

En tercer lugar, la comunión refleja su relación con Dios. Mateo escribió lo siguiente:

¿Qué os parece? Si un hombre tiene cien ovejas, y se descarría una de ellas, ¿no deja las noventa y nueve y va por los montes a buscar la que se había descarriado? Y si acontece que la encuentra, de cierto os digo que se regocija más por aquélla, que por las noventa y nueve que no se descarriaron. Así, no es la voluntad de vuestro Padre que está en los cielos, que se pierda uno de estos pequeños (18:12-14)

En el cuerpo de Cristo nos cuidamos unos a otros, asegurándonos de recibir a los demás creyentes como recibiríamos a Cristo, no teniendo jamás una influencia negativa y que conduzca a otro hermano a la tentación o al pecado. Nuestro deber en la comunión ha de ser un instrumento de la santidad para la vida de otros creyentes, que abarque a los «otros» del Nuevo Testamento. La comunión cristiana consiste en confesar sus pecados unos a otros, perdonarse unos a otros, amarse unos a otros, exhortarse unos a otros, edificarse unos a otros, enseñarse unos a otros, exhortarse unos a otros, y orar unos por otros. Eso es comunión, y es particular porque milita en contra de la privacidad, el aislamiento, el narcisismo y el egocentrismo.

El resultado de la comunión

El resultado de esta clase de comunión se expresa sencillamente en 1 Juan 1:3-4: «Lo que hemos visto y oído, eso os anunciamos, para que también vosotros tengáis comunión con vosotros; y nuestra comunión verdaderamente es con el Padre y con su Hijo Jesucristo. Estas cosas os escribimos, para que vuestro gozo sea cumplido». Cuando la comunión bíblica es comprendida y cultivada, el resultado es gozo. Donde se tiene una congregación de gente que persigue la realidad de la comunión, usted tiene una manifestación de gozo que trasciende todas las dolencias de la vida y que surge del sacrificio compartido y las relaciones espirituales significativas. Puedo dar testimonio de que el gozo en mi propia vida y en nuestra iglesia es producto de vivir en la plenitud de la comunión.

ORACIÓN

Señor, es apropiado que consideremos lo que el apóstol Pablo escribió: «Por lo demás, hermanos, tened gozo, perfeccionaos, consolaos, sed de un mismo sentir, y vivid en paz; y el Dios de paz y de amor estará con vosotros. Saludaos unos a otros con ósculo santo. Todos los santos os saludan. La gracia del Señor Jesucristo, el amor de Dios, y la comunión del Espíritu Santo sean con todos vosotros» (2 Corintios 13:11-14). Esa es nuestra bendición. Que así sea, en el nombre de Jesús, amén.

NOTAS

Capítulo 2. Pureza en el campamento

1. Geoffrey J. Martin, *American Geography and Geographies: Toward Geographical Science* (New York: Oxford University Press, 2015), p. 864.

Capítulo 3. Santificado sea tu nombre: El líder de rodillas

1. Thomas Watson, *The Lord's Prayer* (http://www.ccel.org/ccel/watson/prayer.txt), 516.

2. Don Whitney, *Spiritual Disciplines of the Christian Life* (Colorado Springs: NavPress, 1991), p. 62.

3. Augustine, Letters, «Letter to Proba», Letter 130.

4. Augustine, «Sermons to Brothers in the Desert».

5. Whitney, *Spiritual Disciplines*, p. 64.

6. Juan Calvino, *Institutes of the Christian Religion* (Philadelphia, PA: Westminster, 1960), p. 850.

7. Ibid., p. 853.

8. John Owen, «Sermon II: A Memorial of the Deliverance of Essex County, and Committee», Habacuc 3:1-9.

9. Jonathan Edwards, *The Works of Jonathan Edwards* (Peabody, MA: Hendrickson, 2003) v. 2, p. 455.

10. Citado en Richard Baxter, *The Reformed Pastor* (Portland, OR: Multnomah, 1982), p. 17.

11. Ibid., p. 18.

12. Juan Calvino, *Comentarios de Calvino* [en inglés], vol. XVI (Grand Rapids, MI: Baker, 2005), p. 328.

13. J. C. Ryle, *A Call to Prayer* (Grand Rapids, MI: Baker, 1979), p. 35.

14. John Owen, Kelly Kapic, and Justin Taylor, *Overcoming Sin and Temptation* (Wheaton, IL: Crossway, 2006), pp. 86-88.

15. See http://www.nielsen.com/us/en/insights/news/2012/the-cross-platform-report-how-and-where -content-is-watched.html.

16. As cited in John Piper, *Brothers, We Are Not Professionals* (Nashville, TN: Broadman & Holman, 2002), p. 63.

17. Calvino, *op. cit.*, p. 917.

18. John Watkins, *The Sermons of... Hugh Latimer* (Londres: J. Duncan, 1824), p. 2.

Capítulo 4. El líder que sufre bien

1. Marvin Vincent, *Epistle to the Philippians and to Philemon* (Edinburgh: T. & T. Clark, 1897), p. 78.

2. Martin Luther, «*A Mighty Fortress Is Our God*».

Capítulo 7. El líder y su rebaño

1. Thomas Schreiner, *The New American Commentary, 1, 2 Peter, Jude* (Nashville, TN: Broadman & Holman, 2003), p. 232.

2. As cited in Larry J. Michael, *Spurgeon on Spiritual Leadership* (Grand Rapids, MI: Kregel, 2003), p. 153.

3. Michael, *Spurgeon*.

4. Michael, *Spurgeon*, p. 154.

5. Richard Baxter, *The Reformed Pastor*, 4th. Ed. (Glasgow: Oliver & Boyd, Wm. Whyte & Co., and Wm. Oliphant, 1835), p. 181.

Capítulo 8. Guarde el evangelio

1. David A. Lopez, *Separatist Christianity: Spirit and Matter in the Early Church Fathers* (Baltimore, MD: The Johns Hopkins University Press, 2004), p. 83.

2. John Phillips, *Exploring Proverbs: An Expository Commentary*, vol. 1 (Neptune, NJ: Loizeaux Brothers, 1995), p. 286.

3. J. C. Ryle, *A Sketch of the Life and Labors of George Whitefield* (New York: Anson D. F. Randolph, 1854), p. 29.

4. See http://www.cnn.com/TRANSCRIPTS/0506/20/lkl.01.html.

5. See http://www.cnn.com/TRANSCRIPTS/0506/20/lkl.01.html.

6. J. C. Ryle, *Simplicity in Preaching* (http://gracegems.org/18/Ryle-%20Preaching.htm).

7. Martin Luther, *What Luther Says*, vol. 2, pp. 702-4, 715.

8. Ibid.

9. Ibid., pp. 26, 55.

10. James Montgomery Boice, «Galatians», *Expositor's Bible Commentary*, vol. 10 (Grand Rapids, MI: Zondervan, 1976), p. 429.

11. John Knox, *The History of the Reformation of Religion in Scotland* (Edinburgh: Banner of Truth, 1982), p. 250; Joseph Adolphe Petit, *History of Mary Stuart: Queen of Scots* (London: Longman, Green), p. 244.

12. John Knox, *The Works of John Knox*, vol. 6, liii.

13. Scots Confession of 1560.

Capítulo 9. Ni gente pequeña, ni sermones pequeños

1. Juan Calvino, *The Gospel According to John 1-10* (Grand Rapids, MI: Eerdmans, 1995), p. 237.

2. Ibid.

3. Ibid., pp. 237-238.

Capítulo 11. ¿Qué está haciendo falta en el servicio de su iglesia?

1. Jeff Kirkland, *An Historical, Biblical, and Practical Analysis of Public Scripture Reading in Corporate Worship Gatherings* (Sun Valley, CA: The Master's Seminary), p. 2.

2. Everett Ferguson, *Early Christians Speak* (Abilene, TX: Biblical Research Press, 1981), p. 86.

3. Philip H. Towner, e Function of the Public Reading of Scripture in 1 Timothy 4:13 and in the Biblical Tradition (http://www.sbts.edu/wpcontent/uploads/sites/5/2010/07/sbjt_073_fall03_towner1.pdf), p. 53.

4. Mark Earey, «This Is the Word of the Lord: The Bible and Worship», Anvil 19, no. 2 (2002): p. 92.

5. David F. Wells, God in the Wasteland (Grand Rapids, MI: Eerdmans, 1994), p. 150.

6. Ferguson, Early Christians Speak, p. 87.

7. Jeffery D. Arthurs, Devote Yourself to the Public Reading of Scripture (Grand Rapids, MI: Kregel, 2012), p. 14.

8. Stephen Olford, «Why I Believe in Expository Preaching», audiotape of pastors' luncheon message at Dauphin Way Baptist Church, Mobile, Alabama, 22 de marzo de 1999.

9. Bryan Chapell, «The Incarnate Voice: An Exhortation for Excellence in the Oral Reading of Scripture», Presbyterion vol. 15, no 1 (Spring 1989), pp. 42-57, 42-43.

10. Allen Ross, Recalling the Hope of Glory (Grand Rapids, MI: Kregel Academic, 2006), p. 506.

11. C. H. Spurgeon, Lectures to My Students, First Series (New York: Sheldon and Company, 1875), p. 85.

12. A collection of John MacArthur's pulpit prayers have been compiled in the book A Year of Prayer (Eugene, OR: Harvest House, 2011).

13. Spurgeon, op. cit., p. 92.

14. Helmut Thielicke, Encounter with Spurgeon (Cambridge: James Clark, 1964), p. 135.

Capítulo 12. Promueva la comunión (John MacArthur)

1. Dietrich Bonhoeffer, Life Together: Prayer book of the Bible (Minneapolis, MN: Fortress, 2004), p. 29.

2. Ibid., p. 30.

3. See http://www.reformation21.org/counterpoints/wages-of-spin/no-text-please-im-british.php.

4. See http://www.reformation21.org/counterpoints/wages-of-spin/no-text-please-im-british.php.

5. See http://www.reformation21.org/counterpoints/wages-of-spin/no-text-please-im-british.php.

6. Donald Miller, http://storylineblog.com/2014/02/03/i-dont-worship-god-by-singing-i-connect-with-him-elsewhere/.

7. Donald Grey Barnhouse, Your Questions Answered from the Bible (Philadelphia, PA: The Evangelical Foundation, 1957), p. 29.

8. Bonhoeffer, Life Together, p. 25.

9. The Apology of Aristides, Syriac text and translation. Cited in Encyclopedia Britannica, vol. 1 (Chicago: Encyclopedia Britannica), p. 346.

COLABORADORES

John MacArthur es pastor y maestro de la congregación Grace Community Church en Sun Valley, California, y presidente de The Master's College and Seminary.

Ligon Duncan es rector ejecutivo de Reformed Theological Seminary y profesor de Teología Sistemática e Histórica de la cátedra John E. Richards.

Tom Pennington es pastor y maestro de la congregación Countryside Bible Church en Southlake, Texas.

John Piper es rector de Bethlehem College & Seminary en Minneapolis, Minnesota. Ministró en la congregación Bethlehem Baptist Church por 33 años y ahora viaja como conferenciante representando el ministerio Desiring God y escribe periódicamente.

Mark Dever es el pastor principal de la congregación Capitol Hill Baptist Church en Washington, D.C., y es presidente de 9Marks.

Rick Holland es el pastor principal de la congregación Misión Road Bible Church en Prairie Village, Kansas.

Steven J. Lawson es presidente de OnePassion Ministries y profesor de predicación en The Master's Seminary y en The Ligonier Academy.

Albert Mohler es presidente del Seminario Teológico Bautista del Sur en Louisville, Kentucky.

Austin T. Duncan es pastor universitario en la congregación Grace Community Church de Sun Valley, California. También supervisa el plan de estudios de predicación y el programa de Doctorado en Ministerio en The Master's Seminary.

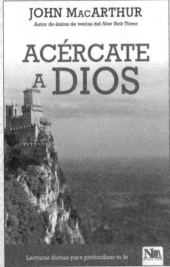

CASA
CREACIÓN

Te invitamos a que visites nuestra página web, donde podrás apreciar la pasión por la publicación de libros y Biblias:

www.casacreacion.com

Para vivir la Palabra